歌德

Johann
Goethe

歌德
Johann Goethe

皮波人物国际名人研究中心 编著

国际文化出版公司

·北京·

图书在版编目（CIP）数据

歌德/皮波人物国际名人研究中心编著. --北京：
国际文化出版公司，2013.2（2024.2重印）
（名人传记丛书）
ISBN 978-7-5125-0422-6

Ⅰ.①歌… Ⅱ.①皮… Ⅲ.①歌德，J.W.V.
（1749～1832）—传记 Ⅳ.①K835.165.6

中国版本图书馆CIP数据核字（2012）第199531号

歌德
————

作　　者	皮波人物国际名人研究中心　编著
责任编辑	杨　华
统筹监制	葛宏峰　刘　毅　刘露芳
策划编辑	周　贺
美术编辑	丁鍏煜
出版发行	国际文化出版公司
经　　销	国文润华文化传媒（北京）有限责任公司
印　　刷	北京一鑫印务有限责任公司
开　　本	700毫米×1000毫米　　　16开
	8印张　　　　　　　　　74千字
版　　次	2013年2月第1版
	2024年2月第3次印刷
书　　号	ISBN 978-7-5125-0422-6
定　　价	31.00元

国际文化出版公司
北京市朝阳区东土城路乙9号　　　　邮编：100013
总编室：（010）64270995　　　　传真：（010）64270995
销售热线：（010）64271187
传真：（010）64271187-800
E-mail：icpc@95777.sina.net

目录

目录

青少年时代

双亲

1749 年 8 月 28 日，歌德诞生于德国美因河畔的法兰克福市，他的全名是约翰·沃尔夫冈·冯·歌德。

歌德的祖父原本是法兰克福一家服装店的老板，因为在法兰克福谋生困难，后来举家迁往奢侈品工业发达的法国，在里昂定居下来。1685 年，法国国王路易十四废除了 1598 年颁布的保护新教徒信仰与政治自由的"南特赦令"。歌德的祖父和其他新教徒一样被迫离开法国，回到法兰克福。后来，他兼营一些葡萄酒生意，家境逐渐殷实，死后留下了相当可观的财产。

歌德的父亲约翰·卡斯帕·歌德学法律出身，获得学位后在政府部门任职。

歌德的母亲是当时法兰克福市市长的女儿，她与卡斯帕在 1748 年结婚，先后养育了五个儿女，但除了长子歌德和次女科尼丽亚外，其余都夭折了。

歌德家在法兰克福的房子很大，但年代有点久远，距当时的法兰克福市政厅不到 100 米。这幢建筑物本来分为两部

歌德故居

分，1755年卡斯帕为使内部统一和舒适，对它进行了改造。第二年，改造后的房子外观豪华气派，室内布置精致典雅，每一处细节都充分彰显出主人的富裕及教养。卡斯帕爱好收藏，每个房间，甚至是传达室都摆放了很多他游历各地时带回来的艺术品，更别说藏书丰富的图书室和满置当代名艺术家作品的陈列室了。

《我的生平 诗与真》是歌德的一部自传体性质的作品，在头几章中，歌德以散文形式，忠实地描述了他幼年的生活环境，他回忆道：

> 幼年时代，家中最惹我注目的是父亲用来装饰前厅的一系列罗马风景画。三楼有一个房间，窗子面向西，窗外树木高耸。随着年龄的增长，我越来越喜欢

这个房间，它诱发了我的一种近乎憧憬的心情。从这儿往外看，视线可以越过庭院和碉堡，一直延伸到西部的美丽平原。夏天，我多半在这个房间里做功课，并盼望午后的雷雨。因为窗口朝西，我每每注视着落日的余晖，百看不厌。同时我还可以看到邻居们在庭园里散步，照拂花草，或者小孩子们嬉戏玩乐，客人们闲聊谈天的场景，有时还可听到九柱戏（竖立九柱，用球撞倒的游戏）的球滚动，击倒柱子的声响。日复一日，我的心里便萌生了寂寞与憧憬，这些感情以及我性格中天生的执拗和敏感，与日俱增地左右着我。

　　家庭环境与歌德的成长和性格的形成有很大关系，而法兰克福整个城市的氛围也对歌德的一生产生了深远的影响。幼年的歌德总是被故乡那些狭窄的巷弄、特殊的传统习俗和小市民的活动所吸引。在《我的生平 诗与真》中，他怀着深切的爱，详细地描写了美因河静静流淌的河水、两岸居民的日常工作和娱乐生活。市政厅的圆顶建筑物和童年玩耍嬉戏的市集广场，无一不在他心中留下鲜明的难以磨灭的印象。歌德年老时，还能清楚地回忆起童年时法兰克福发生的一些大事。

　　要从《我的生平 诗与真》一书中具体勾勒出歌德父亲卡斯帕的性格恐怕十分困难，但我们还是可以从歌德之后的一些诗作中看出端倪。歌德有两句诗是这样的：

得自父亲之性格禀赋

即人生真实之向导。

由此，我们可以发现，歌德的性格很大程度上遗传自他的父亲。甚至随着年纪日长，他的生活方式、对诸多问题的看法，以及对秩序的爱好也逐渐与父亲接近。尽管歌德总是避免描述父亲的性格，但他曾经屡次提及父亲对自己及他人严格的要求，这对歌德的成长无疑有着重要的影响。

与父亲的严肃性格完全相反，歌德的母亲是个"随时都明朗快活"的女性。他们年龄相差悬殊，歌德出生时，母亲18岁，而父亲已经39岁。母亲对日复一日长大的孩子充满了惊喜与好奇的感情。在父亲的严厉和孩子的叛逆之间，她就是那作为缓冲的柔弱葛藤，善解人意而充满幻想。

歌德从父亲那儿承袭了坚忍不拔的精神，从母亲那儿则继承了乐观、幽默、空想等禀赋。

少年时代的歌德并没有很多玩伴，与他关系最亲密的是他唯一的妹妹科尼丽亚。1773年，科尼丽亚嫁给了歌德的一位律师朋友，一段短暂的婚姻生活后，她在1777年去世，年仅27岁。

对于妹妹的回忆，歌德曾这样写道：

我与妹妹科尼丽亚自小就生活在一起，她只比我小一岁。我们既是兄妹也是最亲密的朋友。小时候不管是游玩，还是做功课，我们都是在一块的。我们受到的教育也是一样的，几乎到处都有人误认为我们是孪生兄妹。这样的共通与信赖，并没有随着年龄的增长而消失，它一直保存在我们之间。青春年代的一些困惑和因此而发生的种种错误与迷离，我们兄妹都是携着手共同承担的。

　　歌德少年时代的教育，大部分由父亲亲自督导。但依当时上流社会家庭的惯例，歌德的父亲也聘请私人教师教孩子一些必要的专门科目。少年时代的歌德似乎在语言方面有着极为惊人的天赋，他那时已经开始学习拉丁语、希腊语、希伯来语、英语及意大利语等。这些才能我们可以从至今尚存的歌德的拉丁语、希腊语练习簿中找到根据。歌德 10 岁时，已经阅读了《伊索寓言》《鲁滨逊漂流记》《天方夜谭》等名家名著。

　　除了学问修养外，歌德还同时接受法兰克福市势力最大的路德教派的宗教教育。他必须按时参加礼拜，每天研读《圣经》。多年以后，歌德成了多神论者，但他依然承认自己的宗教素养大多来源于《圣经》。

时局动荡

1755 年，歌德六岁的时候，一件异乎寻常的世界性悲剧发生了，那就是里斯本大地震。据后世统计，这次地震的震级为里氏 9 级，地震还造成了海啸和火灾，死亡人数高达 6 万人至 10 万人，直接或间接的经济损失不可估量。

里斯本大地震深深震撼了年幼的歌德，在他幼小的心灵里造成了难以愈合的精神创伤和深远影响。在《我的生平诗与真》中，歌德这样描述道：

> 我少年时心境的安宁，因一场惨绝人寰的天灾而首次受到深切的震撼。1755 年 11 月 1 日，里斯本发生大地震。已经习惯于和平世界的人们表现出了巨大的惊恐。这个商埠兼海港的美丽城市，突然遭到史无前例的可怕的灾难侵袭。大地摇撼，海水汹涌沸腾，船舶互相撞击，房屋崩塌，众多建筑物化为一片瓦砾。裂开的大地似乎喷着火焰，烟与火焰弥漫在一片废墟之上。前一刻还活得快快乐乐的六万人，瞬间化为冤魂。

或许似乎只有这些对这场灾祸已失去意识和感觉的人，才是最幸福的，而留下来的人往往陷入痛苦之中，不得解脱。灾难过后，一直隐匿着的因这场变故而逃脱出来的罪犯，大肆骚扰这劫后余生、尚残破不堪的都市。幸存的人们，面临着劫夺、杀戮以及大自然无涯无涘的暴虐。

从各方面传来的越来越详尽的灾难消息，使人们的心为别人的不幸而震撼，同时也为自己以及家人而忧虑。真的，我的一生中再没有经历过这样的事件，恐怖传播得如此迅速，如此激烈。

我也被迫听到了不少有关这一切的情形，它使我的心受到了深深的震动。在我曾经的观念里，天地的创造者及维护者——神——是睿智而仁慈的。可是现在他正邪不分地将一切统统毁灭，这样的事实说明神根本就不是万物之父。我那幼弱的心灵，为了与这样的印象抗争而努力挣扎。这种现象该如何解释，哲人和学者之间都不能有一致的看法，我的心灵得不到安宁似乎也是理所当然的。

1756年，歌德7岁的时候，七年战争爆发。这是一场争夺殖民地和海外领土的战争，双方都毫无正义可言。但人们为了政治立场，是非不明地偏袒一方。这又深深地动摇了歌德的信仰之心，他开始真正察觉政治对生活的影响。

如同 6 岁时，里斯本大地震使我对神的慈悲产生怀疑一样，我开始因腓特烈二世所带来的战争而怀疑大众的公正。我生性容易敬畏别人，如果不是有巨大的震撼，我决不会对某种可敬的信仰发生动摇。可惜的是，我所看到的良好的风俗习惯和绅士之礼，都不是出自内心，只是为了维护他人对自己的印象而遵守的一种规则。人们在做一件事情之前，反复考虑的是别人会对这件事持什么样的看法和态度。我一直以为世间的人们都是堂堂正正，凡事都能下公正评价的。而如今我所经验到的，却恰恰相反。最伟大的、最显著的功绩，遭到诟病，受到敌视。最崇高的行为，纵然未被否认，却被歪曲、被唾弃。

如今细细想来，我似乎就在这个时候，萌生了对大众的蔑视感。这样的心情在我心中形成了一个症结，终我一生也未离开过我。不过很久之后，我靠着见识和教养将它稍加矫正过来了。

法兰克福市最终也受到了战火的波及。歌德家的房子被迫开放给占领法兰克福的法军军政长官多伦伯爵，以供他作为处理及调解各种争端的场所。歌德的父亲一向拥护普鲁士，此刻被法国人包围在自己家中，这对他来说无疑是一件很悲惨的事。虽然多伦伯爵是个艺术爱好者，很喜欢老歌德的那些收藏，但仍不能改变主客之间相处不融洽的僵局。

歌德在《我的生平 诗与真》中提及，伯爵住进歌德家的最初几天，便把法兰克福市当时最著名的画家全部邀请过来，有意让他们为自己继续从事创作。

歌德从小就认识这些画家，而且经常拜访他们的画室。多伦伯爵和画家商量画题、订画、交画的时候，歌德经常在场。当交的是素描或草稿时，他总是大胆地提出自己的意见，这使得年纪尚小的歌德得到了画家们的一致称赞。成年后的歌德，在鉴赏画作上有很深的造诣，不管是取材于圣经故事、世俗故事或者神话故事，他总能用一句话正确指出那些画里所表达的是什么。

法军占领法兰克福市，对歌德的另一个影响在戏剧方面。当时为了慰劳法军，法国剧团到法兰克福市公演，歌德由外祖父那儿要到招待券，瞒着父亲，经常前往观赏。这期间，他不仅观看了很多著名剧作家的作品，而且与演员们打成一片，学了一口流利的法语。那些戏剧与孩童时代看过的木偶戏一样，培养了歌德日后对戏剧的浓厚兴趣。

这期间，歌德也开始尝试写诗，他自己也说是"从 10 岁前后开始作诗"的。1757 年年底，他曾写了一首祝贺辞给外祖父，这祝贺辞的最后四句已俨然是一首完美的诗了。

1758 年，歌德曾罹患天花，直到老年他的身上仍有那时留下的疤痕。

1759 年，歌德开始尝试以各种题材作诗，包括与朋友之间互相唱和的杂诗。他把这些诗作编辑成册献给父亲，但是可惜这些作品大部分都散佚了，只有一些片段被保留下来。

求学

歌德 16 岁时已经通读了当世的很多著作，他对于学问以及实际生活中已经出现或可能出现的种种新事物，已经有了大体上的概念。

歌德从小便显露出在文学艺术上的过人天赋，按他自己的意愿，他非常希望向诗人海涅等人请教和学习，可是他的父亲却坚持让歌德前往莱比锡修习法律。

歌德一家虽然跻身上流社会，父亲也是帝国的一名公务员，但是他终其一生也只是个虚有名衔的顾问官。卡斯帕不免有些不甘心，出于一种补偿心理，他希望儿子能在政治上出人头地。而在当时，要当一名高级行政官，到莱比锡大学修习法律，是最便捷的路径。

年少的歌德对于父亲的安排很不高兴，但也没有办法反抗，他觉得自己的前途一片黯淡。不过，能够离开家乡到一个未知的世界，这似乎是歌德的意外收获。他把外面的未知世界想象得明亮快活，带着类似"解除枷锁"的心情和对未来无限的憧憬，踏上了他乡求学的道路。

歌德来到素有"小巴黎"之称的莱比锡时，恰巧碰上一年一度的大市集。脱离父亲约束、初到莱比锡的歌德兴奋而快乐。在他当时写给朋友的一封信上，有这样的比喻：

> 好像一只自由的鸟，
>
> 逍遥在美丽的林中，
>
> 享受着明媚风光。
>
> 扬起双翅，
>
> 唱一曲小歌，
>
> 飞过一片翠绿的树丛……

市集结束了，活泼和热闹也终将过去，市街恢复了本来的面目。洛可可风的建筑物带着一股庄严的气氛，整个城市繁荣的商业活动，规整的市容，都让歌德耳目一新。但是，渐渐地，当歌德适应了这个城市骨子里的浮华和奢侈，最初的那些憧憬与新鲜感，就变成深深的失望了。

莱比锡大学的老师教授的那些法律讲义，歌德早已能倒背如流，自己抱着一腔期待前来求学，得到的却是已经掌握的知识。这使得歌德大受打击。他逐渐认识到，所谓德高望重的教授，其实有很多抱残守缺者，他们所教的许多东西，早已被时代证明错误或无用，这要让年轻人如何在理论与现实之间保持清醒的头脑，不彷徨迷惑。哲学也困扰着歌德，自小就树立起来的一些观点和理念在这里几乎全部被推翻。这种否定过去，否定自己的现实让歌德十分苦恼，他曾在作品中写道：

> 这种对自己的不断否定，日渐使我不安，最后终于使我陷入绝望中。我手边有少年时期的一些作品，我一直认为它们很杰出。一方面我是想靠它们博得一点声名；另一方面则是因为我以为有了它们，就可以更确实地看出进步。但是我所处的状况是凄惨的，我被要求完全改变自己的想法，简而言之，他们要我与过去我所爱的，认为好的事物断绝。经过种种烦闷，结果我对自己正在写的作品，以及已完成的作品感到懊丧。于是有一天，我将诗、散文，还有构想、草稿、大纲等全部付诸一炬。

歌德对大学生活完全丧失了信心，他给在故乡的朋友写的信中，以诗的形式描述了自己幻灭的心情：

> 欲翱翔天际但羽翼已失，
> 我切身地感受到，
> 要假神之赐，
> 永远无法得到翅膀。
> 曾经我以为自己可以凌驾青云，
> 但至此雄心已烟消雾散。
> 叱咤风云的英雄，

显赫的名声令我觉悟，

荣耀得来不易；

有感于此，我向往崇高的飞翔，

如同老鹰憧憬太阳，

怀着鲲鹏之志。

但现实中我却如垃圾堆中的虫儿，

扭曲、蠕动着努力往上爬，

更高、再高，

绷紧的神经战栗不安，

终究虫儿还只是虫儿。

一阵旋风把垃圾与虫儿一道卷高，

虫儿自信地以为自己是老鹰，

惊喜得泫然欲涕，

风止了，垃圾飘落地面，

虫儿随之坠落，

一如往昔在地面蠕动。

在这段松散冗慢、浮躁不安的时期里，歌德很幸运地得到了一些良师益友的引导和帮助。一位宫廷顾问官教会了歌德更重视诗的题材以及文字处理方面的简洁。还有一位被歌德形容为"世界罕见奇人"的朋友，他成功地安慰了歌德的不安与焦躁，引导歌德培养正确的生活趣味。他也是第一个对歌德的诗作展开评论的人，对于歌德早期一些带有启蒙主义风格的诗，他认可的并不多。当时与歌德特别亲密的是莱比锡的一位艺术家，从他那儿，歌德学到了铜版画和铜版雕刻术，同时他也向歌德灌输了古典主义的艺术观。

莱比锡的大学生活给歌德的另一个收获是他的爱情。这是歌德一生中第一次真正的恋爱。1766年，歌德在每天吃午饭的那家饭馆，认识了温柔漂亮的少女安娜。安娜风姿绰约，聪明灵活而且温柔爽朗。她和歌德几乎天天见面，殷勤地为歌德准备午饭，甚至晚上还带酒菜来给歌德享用。没过多久，他们就双双坠入爱河，之后的日子充满了甜蜜。

歌德在写给朋友的信中曾经提到："我爱上了一个既没有地位又没有财产的姑娘，同时我也感受到了真正的爱情所带来的快乐。"

这段爱情持续了将近两年，到1768年的春季，有一次，歌德抱病去探望安娜，却意外地发现她正在和别的男人谈话。嫉妒之火越烧越旺，煎熬着歌德。于是，这段恋情宣告结束。

现存的歌德剧作中最早的小品《恋人的情绪》就由此而产生。

安娜在1770年嫁给了一位受人尊敬的博士，他日后成了莱比锡市的副市长。

在将近三年的莱比锡留学生活中，歌德的心境由希望到失望，再恢复对生活的信心，正当这段留学生活功德圆满，接近尾声时，一向身体不甚硬朗的歌德病倒了。1768年7月，歌德开始咯血，这场病痛一度危及歌德的生命。8月，他返回法兰克福休养。

　　我于 1768 年 8 月，离开莱比锡，坐出租马车回法兰克福，同行者有二三位熟人。故乡一步步地接近，更唤起了我离乡时，抱着何种期待与希望起程的记忆。而此刻，我竟像一艘触礁的船，身心俱碎地回来，这种意念沉沉地击中我的心。"（《我的生平 诗与真》）

　　歌德在家乡养病期间，接触了母亲的很多教养良好、信仰虔笃的女性朋友。其中有一位小姐，她中等身材，有点清瘦，为人诚实，态度亲切自然，熟知社会上和宫廷中的礼仪。她永远不失明朗沉静，认为生病是无常生命的必然情形，应以最大的耐心来忍受。

　　她用她自己的方式来解释我的不安焦躁、努力、摸索、寻求、思念以及动摇，率直地告诉我她的信念，并下断语："这都是因为你不愿和神和解的结果。"其实，我从幼年时起就认为自己与神之间是和谐的，我还由种种经验中得到神负欠我较多的印象，因此厚颜地认定我才是有理由赦免神的。同时还觉得，我的自许乃是基于无可比拟的善良意志，所以神应该助长我这种意志才是。不用说，我常因这个观点和她争论，不过这种争论都是在非常亲切的气氛下进行的。最后，

她总是认定我是个该在各方面得到原谅的年轻笨小子。(《我的生平 诗与真》)

这期间，这位小姐的感化培养了歌德泛神论式的宗教感情。此外，他还受到一位年轻医生的影响，这位年轻医生不仅治疗歌德肉体上的病痛，还对他精神上的恢复有很大的贡献。在他的引导下，歌德潜心研读泛神论思想家的著作，并和自己读到的一些宗教著作加以比较。

长时间的静养和阅读，使歌德对自然科学产生了浓厚的兴趣。

健康已稍恢复，加上时令也好起来，我又能回到楼上房间起居，于是马上弄了个小小的设备。我准备了有热砂槽的小火炉，并很快地就学会制作蒸发混合物的容器。在那儿，大宇宙与小宇宙以神秘而不可思议的方式被处理。尤其是靠鲜为人知的方式制造中性盐，是我热衷且乐此不疲的一件事。(《我的生平 诗与真》)。

1769 年，在歌德写给莱比锡一位朋友的信中，我们可以看出他对时代的看法及对自然界日益浓厚的兴趣：

哦！我亲爱的朋友，光就是真理，但太阳并非真理，夜里它是黑暗的、死寂的、违反真理的。美是什么呢？不是黑暗，也非强光，美是幽幽柔和的光线，是存在于真理与非真理间，而涵盖双重意义的；美的世界暧昧难明，即便是哲学家也会误入此迷宫。

......

谈到我目前的生活，我将一切献给了哲学，我隐居而将自己孤立起来。圆规、纸、笔、墨水以及两册书就是我全部的工具，用最简朴的方法去认识真理，结果比在图书馆中钻研的人成就更大。既是伟大的学者又是哲学家的人凤毛麟角，因为人们总是埋首于书本，而忽略了大自然这本包罗万象的大书，事实上，真理就藏在一切朴实的事物中。

赫尔德的影响

1770 年春，歌德 21 岁，他的病休养了一年半终于痊愈。病愈后，他再次离开故乡，前往斯特拉斯堡大学，继续其在莱比锡未完成的学业。在歌德的一生中，再也没有比这段时间收获更丰富的时期了。

歌德到达斯特拉斯堡的当天，就被城中哥特式的圣堂所征服。当时的多数人都将哥特式建筑批评得一文不值，而歌德却是少数欣赏者之一。后来歌德在一部作品中曾盛赞此圣堂，他这样描写他对圣堂的第一印象：

> 我站在圣堂前面，被一种无可言喻的敬畏感震慑住，庄严宏伟，顶天立地的印象充满我的心，但这伟大的整体却是由数以千计的小部分所构成。我尽情地享受这动人的印象，却无法更进一步地去认识它、了解它。为了体会这承袭于造物者，充塞于天地间的喜乐，并把握上一代的人表现于建筑物的伟大精神，我屡次来到这神圣的殿宇前面，在一天中任何有光线的时间，从各个不同的角度、不同的距离，观察再观察。面对着同胞们高贵的作品，除了赞美外，却不能有更进一步的作为，这对我的内心来说，是一种莫大的痛苦。在薄暮微弱的光线中，这由无数个体构成的伟大

斯特拉斯堡大学一景

建筑物，以凌空之姿，巍峨耸立在我的灵魂面前，我尽情地让心灵浸润于这不断涌现的喜悦中。夕阳余晖照进我因凝视而疲惫不堪的眼睛里，这一代巨匠伟大的灵感，变成一种启示，静静地展现在我面前。

在领略过这个城市美丽的风光之后，歌德开始努力钻研各种学问。

由于兴趣使然，他放下了父亲希望他学习的法律学，转而认真地研读医学、史学、哲学、神学与自然科学。当时他在备忘录中记下了已经读过或计划将来要研读的书，其中广泛地包括苏格拉底、柏拉图、亚里士多德、托马斯·莫尔等人的著作。

歌德在给法兰克福友人的一封信中说：

当你进入大学之后，会发现多数的人都是优秀的，最初也许你会以为那只不过是少数的特例，然后在你追求进步的时候，终于觉得多数人都比自己还要优秀。到那时候，你将会以新的标准重新衡量自己，然后得出结论：这个人不过如此。一旦你发觉你一向认为十分完美的人，有某方面的缺点后，就无法再以客观的眼光评量他的价值。人不可能是完美的，但你却会因偶像有了瑕疵而推翻自己的整个价值观，你会觉得：我也是受骗者之一。根据这个错误的判断，你也许会将与当事者完全无关的憎恶、愤懑加诸在他的身上。

我们应该以超然的、客观的立场评量一个人。爱与憎恶是两种完全相反的感情，但却同样会蒙蔽我们的眼睛。

我一定开始说一些无聊的话题了。年轻人不要净空谈中庸之道，当天的事要当天完成，不要把失败的责任归诸现实因素。

仔细观察事物真相并牢记心中，不要无所事事地浪费时日。必须埋头努力研究对精神有帮助的科学，并与事物配合而评定其价值。这才是真正的哲学。

我们当舍弃空虚而渴求完美，在我们精神与肉体能够忍受的极端范围内，不要无谓地休息。

我十分了解，我们所必须做的事并非每件都能顺利成功，但借此我们多少可以测知自己的长处和能力，这种高贵的自觉必能启发我们的勇气。每天早上，温暖的被窝总叫人舍不得起床，但只要下定决心把脚放到地上，那么睡意就马上消失了。

歌德对朋友的这番告诫，同时也是他对自己的要求。从这个时候开始，他严格要求自己"舍弃空虚，渴求完美"，这在他此后的人生中被反复提及。1830 年，歌德垂暮之年时写给一位长官的信中，也用同样的语气叙述道：

为了不断进步，我们应随时革新求变，恢复年轻
时代的冲劲。

病愈后的歌德还有一些残存的心理上的不适，比如恐高
以及难以忍受强烈的音响。为了训练自己克服这种不安和痛
苦，歌德屡次登上圣堂塔顶眺望四方，并常常和告知士兵回
营时间的鼓号队并行。

在斯特拉斯堡的这段时间，歌德结识了一群好友。但对
歌德影响最大的却是与赫尔德的邂逅。当时赫尔德在旅行中
因眼疾而逗留在斯特拉斯堡。虽然后来赫尔德逐渐年老而变
得激动易怒，歌德与他相处得并不十分融洽，但他仍对赫尔
德怀有深切的谢意。关于两个人的初识，歌德这样描写道：

这个心地善良的易怒者所给予我的影响，是重大
而且意义深远的。他比我年长 5 岁，年轻时期 5 岁已
是个很大的差距。我承认他的价值，并努力尊崇他过
去的业绩，故而他在我心里占有非常崇高的地位。不
过我们交往的状况却不是愉快的。过去与我交往的年
长者，都想一面体恤我一面教育我，他们宽宥而纵容
我。但赫尔德不同，不管我如何努力，都无法得到他
的认可。我对他的敬慕与崇拜和那些因他而引起的不
愉快，在我心里不断地互相激荡，几乎造成一种分裂，
这是有生以来我第一次感到内心的矛盾。

　　不管他是站在发问者的立场，还是解答者的立场，甚至是他任何方式的发言，都是意味深远的，因此我时时刻刻都有新的见解被启发出来。在莱比锡，我习惯于被局限在狭窄不能动弹的生活中，而在法兰克福的环境里，也未能使我拓宽有关德意志文学的一般知识。不仅如此，沉湎于那神秘的、宗教性的化学研究，还把我引进黯淡的世界中。于是对于广泛的文学世界里所发生的事，我多半懵然无知。如今，我突然透过赫尔德，明白了一切新的运动，以及新的发展倾向。他自己早已是蜚声文坛的名家，所著的《片断》《评林》及其他，使他跻身于广受瞩目的一流作家之列。在他的精神世界里，究竟有过怎样的境界呢？在他的个性里，究竟有过怎样的冲突呢？这是无法把握，也很难诉诸笔端的事。然而，一想到其后多年间他的作为与业绩，人们不得不承认，他所蕴藏的内在志气，是十分远大的。

　　由于赫尔德的指点，歌德阅读了荷马、莎士比亚，以及英国启蒙现实主义作家的作品。也是因为赫尔德的引导，歌德在平民诗坛大开眼界。后来，歌德对平民诗进行了广泛的研究，这为德国抒情派诗坛添加了一抹独特的色彩。

　　赫尔德才华横溢，他经常与歌德畅论希伯来诗歌，在他的鼓励下，歌德开始探索流传于阿尔萨斯的民谣等最古老的诗歌文献，证实了诗歌是造物者给予世界各族人民的赠品，而不是部分上流社会人士的私有财产。

在这种矛盾友谊的冲击与启发下，歌德心里埋下了在德国文坛上掀起狂飙运动的种子。

结识赫尔德一个月后，歌德随餐桌伙伴之一前往斯特拉斯堡近郊的农村，拜访一位路德派教会牧师。这个热心的乡下牧师及他两个可爱的女儿，成为歌德《我的生平 诗与真》中动人心弦、充满诗情画意的一部分。

歌德形容第一次看到两姐妹中的妹妹弗里德丽克的印象，就像"在这乡村的田园上空，出现的一颗楚楚可怜的星星。"

1770 年 12 月，歌德在返回斯特拉斯堡后，写了一封信给弗里德丽克，这封信的草稿，是现存歌德与弗里德丽克之间恋情的唯一佐证。信中用诗歌一样的语言叙述了离别的心情，以及歌德对弗里德丽克的思念。

这段时间，由于赫尔德的刺激，歌德才能告别文学因袭的窠臼；而因为有了对弗里德丽克的爱情，歌德才获得了创作的灵感。他这一时期的作品多数都是充满感情、无比细腻的抒情作品，这与爱情不无关系。

歌德在斯特拉斯堡近郊农村的生活就像一支愉快的牧歌，但无可避免地，这支牧歌终于掺杂了一些不和谐的变调。1771 年，歌德写给朋友的一封信不像《我的生平 诗与真》经过了文学的加工和美化，却直接强烈地表现出当时的情况，信中写道：

我的心理状态十分微妙。在这片令人舒畅的土地上，我生活在爱我的人们之间，处于充满喜悦的世界里。但是我的眼睛却注视着幸福的地平线，偶尔自问：你自幼梦寐以求的憧憬满足了吗？这是否就是你一心向往的天堂乐园？我亲爱的朋友，我知道世界上再没有比达成自己愿望更幸福的事了，但随着幸福而来的却也有某些其他的命运！亲爱的朋友，生活在这个世界上，怎样才能不触及那些不愉快的事呢？孩童时代，我曾栽了一株樱桃，眼看它日渐茁壮，我心里有难以言喻的喜悦。当樱桃第一次开花，正要结果时，料峭春寒毁了我的希望，于是我必须再等一年。第二年，樱桃开花，果实累累，但我还未尝到它的滋味，鸟儿却已捷足先登。接着一年，没有花讯；次年，果实被无知的邻人吃掉；又次年，樱桃树生了病。如果我存心成为一个伟大的园丁，我还会继续努力，虽然遭遇种种不幸，终于还有得到果实的希望。但我只不过是个凡人罢了。

请你先有心理准备，就把我这番感情变迁与冒险式的大杂烩当作我的反省和感想吧！

歌德在斯特拉斯堡大学毕业时，没有获得法学学位。他的毕业论文的主题涉及了教会史，与法学没有多大关联，校方认为不适合作为学士论文发表。歌德在《我的生平 诗与真》

中，回忆道：

> 我把论文提交校方，所幸校方的处置是明智而诚恳的，系主任是个热心而周到的人，多方夸赞我的成绩，然后把话题转到应该考虑的地方。谈话中，我渐渐明白了所谓该考虑的地方，是指我的论文可能会无法通过审查。他认为这篇东西不适合作为学位论文。他给我的建议是这样的：你是学士候选人，你已向校方显示出你是将来大有可为的青年才俊，校方为了不使这个问题影响你的前途，希望你能就别的命题再写一篇论文。

于是歌德重新草拟论文，若干有关自然法、继承法、物权法、诉讼法的命题被选出来讨论。歌德以愉快轻松的心情做下去，他是不是很认真地思索这些问题没有人知道。最后，他终于获得了学位。

获得学士学位后的歌德，最后一次前往斯特拉斯堡近郊，他深切地感受到内心的不安，他知道自己很有可能不会再来这个地方，但他并没有告诉弗里德丽克。直到他回到法兰克福市，才写信告诉她自己离开的理由，这段恋情就这样无疾而终。

先驱者

处女作

1771年，获得法学学位回到故乡的歌德成了一名律师。卡斯帕很高兴，对歌德的未来寄予厚望。但是歌德在法兰克福市的数年间，只处理了28件诉讼，这使他的父亲非常失望。

歌德在法兰克福市初期的文学活动，仍脱离不了在斯特拉斯堡所受到的影响。最受他关注的仍是莎士比亚的作品。"为获得更高层次的文学世界观作准备"成为他努力的目标。10月，他曾在友人之间发表了一篇演讲，题为《与莎士比亚在一起的日子》，就是在强调自己的这种准备与理想。

歌德以简洁有力的语言，表达了自己对《哈姆雷特》的由衷的热情，并公开提出要在文学界掀起一场革命。这就是后来的"狂飙运动"。它宣扬人类内心感情的冲突和奋进精神，是破坏陈旧和寻求清新的一种运动，促成了文艺形式从古典主义向浪漫主义的过渡。

歌德在反复研读莎士比亚后，与一些志同道合者认为，戏剧应该从讲究情节、时间、地点三者之统一的古典模式中解脱出来，他们主张生活及文学都应该受到"自然"的支配。

所谓"自然"不是我们眼睛所能看到的自然，而是"人类的本性"，也就是每个人心底最真实的要求。自然意味着人类全部性格和宇宙整个的统一，同时也意味着善恶二元论的概念和以神为主的思想被抛弃，直接从破灭和死亡中洞察人类的命运。

为了贯彻自己的主张，歌德在这次演讲之后立即着手整理戏剧题材。

他在阅读 16 世纪著名的侠士葛兹的自传后，就深深地被剧中的人物性格所吸引。他开始着手创作《铁手骑士》：

> 我忘我地将全部精神投入其中，无视于外在环境的存在。我将一位高贵的德国人的传记加以戏剧化，让这个男子的勇敢不至于被埋没。同时，我也正在从事一件不可延缓的工作——使人们得到真正的消遣。人们在生活中，无法找到一种发泄心理感情的方式，这是绝大的悲哀。我将心中的感触，强烈地投注于笔下的人物，并尽我所能地描写出来。

歌德戏剧的处女作《铁手骑士》在 1773 年完成，这使他一举成名，并开始成为"狂飙运动"的中心人物。

《铁手骑士》是一出历史剧，主角葛兹刚强正直，见义勇为，他失去了一只手臂后装上铁手，依然勇猛无比，在 16 世纪的农民战争时代大显身手。歌德借对这位骑士的描写向文坛挑战，剧中有很多多姿多彩、掷地有声的台词，并且不顾时间、场景的配合，违反古典戏剧模式的剧场原理，完全脱离了古典主义的风气，给人一种全新的感觉。

法律实务见习生

歌德本身的生活方式完全符合他天才性的变换，他不囿于家庭与故乡人民的风俗习惯，他的写作方式被人称为是"有失礼仪、伤风败俗的"，这使身为律师的他受到法院的非难。在他的滑稽剧、讽刺剧中，他也经常对当代的作家或自己的朋友加以冷嘲热讽甚至是诟骂，这使得他逐渐被法兰克福市的文学界所孤立。

我生活在街市中，像游魂一般奔走于山峦平地间，经常一个人徘徊于似乎与自己毫不发生关系的故乡街道上。我酒足饭饱，漫无目的地到处溜达，我比以前更关怀广大自由的自然世界。在旅途中，我经常高唱着奇妙的赞歌和狂热的颂曲。遇到狂风暴雨，我也毫不躲避，口里无意识地唱着歌，沐浴在大自然的洗礼中。

这时期，歌德又认识了几个朋友，他们都来自一个叫做"圣者之会"的团体，其中包括枢密顾问官夫妻和顾问官夫人的妹妹，也就是赫尔德的未婚妻。谐谑刻薄的枢密顾问官具有非同寻常的锐利眼光，不久之后就接替赫尔德，成为歌德严厉的批判者。

1772年5月，歌德遵照父亲的意思，前往韦茨拉尔的德国最高法院担任法律实务见习生。在韦茨拉尔，歌德更加放纵自己地生活着。在写给枢密顾问官的一封信中，他这样描述自己的心境：

> 离开你之后，希腊人成为我研究学问的唯一对象，起初仅限于荷马，接着是苏格拉底、柏拉图，至此我才发觉自己的贫乏无知。如今我仍停在以前的水平上，一事无成。我纷乱但情况良好的精神，像啄木鸟一般，努力地发觉自我的根性。一首诗如暮鼓晨钟般唤醒了我。
>
> 当你大胆地驾驭四匹新马所拉的马车时，
>
> 你勒住马缰要马儿偏向路侧，
>
> 它们却抬起前蹄不知所措。
>
> 此时必须鞭策马儿共同前进，
>
> 然后再控制马缰使它们转变方向，
>
> 如此反复训练，

直到它们能了解你的指挥，

步履一致地向目标迈进，

这才是高明的驾驭者。

为什么我们四处闯荡徘徊而未有所得？

应抓住的就该确实把握，

这才是上策……

我要像旧约中的摩西一样祷告："主啊！请赐我狭窄的胸中有更宽阔的余地！"

此时 23 岁的歌德在他朋友的眼中，是个什么样的人呢？有一位朋友曾这样评价歌德：

歌德才华横溢，是个真正的天才，而且是个有品格的人。他有特殊的想象力，喜欢借比喻表现他的思想。他的感情无论对哪方面都是激烈奔放的，但同时又有很好的自制力。他的思想是高贵的，不存在任何社会成见。他只做他想做的，至于这是否不合时宜、忤逆他人，则不是他所顾虑的。他厌恶一切强迫。

他的思想尚未完全成熟，且正努力寻求某种体系。他极推崇卢梭，但并不是盲目追随者。他不是所谓的正教派，但也不把自己的异行作为炫耀的资本。他愿意把自己对某种问题的看法，不厌其烦地告诉别人，但却不愿意因自己而影响他人的思想。

歌德憎恶过分怀疑的人，他相信真理。他不去教堂，很少做祈祷。他所尊敬的是基督教义，但不是神学家和教会所制定的教条。他相信美好的未来，他努力要达到真理，他注重人在感情中悟得的真理，而非说教式的真理。

邂逅夏绿蒂

歌德到韦茨拉尔后不久，在一次舞会上，认识了布弗法官的女儿夏绿蒂。夏绿蒂的风度和美貌深深地吸引着歌德，他不由自主地爱上了她，但是她已有婚约在身，而且她的未婚夫是歌德的朋友。三个人之间虽然彼此信赖，但相处起来却日趋尴尬。9月底，朋友们都劝歌德，在"感情尚能控制之前尽早远离"，歌德接受了这个忠告。离开韦茨拉尔的前一晚，歌德带着迷惘而痛苦的心情，来到花园。那儿曾是他和夏绿蒂并肩走过，欣赏绮丽风景的地方。他想着往日甜美的回忆，决定无论如何要和夏绿蒂见最后一面。这次见面不但没有让他安心地离开，反而更加深了他的离别之苦，以及日后对夏绿蒂的思念。

离开了韦茨拉尔，歌德陪着枢密顾问官拜访了一位女诗人和她的女儿。之后，才回到法兰克福市。

这次回家比以前更使他感觉不快，夏绿蒂的一双明眸仍像往常那样在他心里顾盼生姿，但是她已经订婚；从小到大被视为知己的妹妹科尼丽亚出嫁了，即将远行；女诗人的女儿令歌德十分欣赏，她这时候也嫁给了法兰克福的一个富商，因为她丈夫的嫉妒，她与歌德再不能继续来往。这些接踵而至的事情使歌德痛苦万分，没想到祸不单行，他回到法兰克福没多久就接到他在韦茨拉尔的朋友，因为爱恋朋友之妻而自杀的消息。凡此种种，都成为他写《少年维特之烦恼》的原因。

对朋友之妻的畸恋，造成了他的自杀，这件事把我从梦中惊醒。我不仅以单纯而冷静的态度审视他和我所遭遇的类似际遇，并且将我真切炙热的感情，灌注在我的作品中。我完全生活在孤独之中，连朋友来访都谢绝，甚至是与这件工作没有直接关系的内在思维，也全都摒除在外。反之，凡与写作有若干关系的事物都加以搜集。就在这种长久，且不为多数人所知的准备之后，我花了四个礼拜，写成了《少年维特之烦恼》，我不曾事先构想全文，也没有预先拟定其中的文字处理方式。

《少年维特之烦恼》

1774 年，《少年维特之烦恼》出版，一时间洛阳纸贵。这部作品不但震惊德国文坛，更为德国文学在世界文坛上占得一席之地，起到了不可估量的推动作用。这是德国文学史上具有空前意义的一件大事。虽然当时以及后世对这本书的评价毁誉参半，但各种翻译及模仿的作品却广为流传，盛极一时。

歌德在当时写给朋友的一封信中说：

> 具有纯洁而深挚感情的青年，以看透真实的眼光，把身心沉入梦想之中，想要用深思来提升自己，但是由于不幸的热情和毫无结果的爱，他心力交瘁，终于将子弹打进自己的脑袋。像这么简单的故事，竟然产生如此激烈的影响，这要怎么解释呢？

这部书信体小说的故事结构很单纯。爱好自然的少年维特和夏绿蒂相识、相恋，但后来维特发现夏绿蒂是自己朋友的未婚妻，烦闷之余竟然以自杀结束了这段畸恋给自己造成的痛苦。

这位多情的青年和他的这段悲恋故事，好像说出了无数青年男女的心声。小说出版后大为畅销，一再重印。这部作品在当时引起的轰动我们几乎无法想象，社会舆论分成赞否两派争论不休；青少年中间流行维特式的黄色背心和蓝色外套；有些青年甚至效仿小说中的主角盲目自杀。整个德国社会都被小说中的悲观主义情绪所笼罩，爱情和死亡成了不可分离的同义语。最后，政府实在无法对这种影响坐视不理，颁布了禁止这部小说继续印行的命令。事实上，在歌德的著作中再也没有第二本书，像《少年维特之烦恼》这样带给社会如此大的冲击。这种激烈的反应，一方面的确反映了18世纪后期的社会现象；另一方面书中所表现的主旨，也如歌德所说："受摧折的幸福、被阻碍的前程及无法实现的愿望等，并非是一个特定时代的烦闷，而是属于每个人的苦恼"。也许正是基于此，任何人都会觉得《少年维特之烦恼》一书是他自己的写照。

这时候的歌德25岁，他已是德国最著名的作家之一，同时代的很多知名人士都蜂拥而至，与歌德交往。

这一年，歌德和一位神学家及一位教育改革家同游莱茵河，途中结识了一位哲学家。

哲学家称赞歌德："我想了又想，觉得没见过歌德，只听说过他的人，绝无法想象造物者借歌德所表现出来的奇迹。

歌德从头到脚都是天才。被现实拘束，无法任意作为的人，只要在歌德身边待一个钟头，就会像着魔一般无法自已。"

在歌德一生中，再也没有任何时期像他这个时候一样，写下如此多的文稿，他形容自己"不写戏剧就如同死亡"，他把现实中遭遇的经验，经过心灵和思想的加工重组，凝结为文章。

> 我写作的才华，数年来未曾片刻离开过我。甚至白天所想象的，夜里又成为完整的梦出现。睁眼一看，我所倾心的或奇异或崭新的东西，整个地、清晰地出现在眼前。我写东西多半在拂晓，不过在晚上或深夜，因宴席或社交而酒酣耳热之际，也可以应他人的要求而拿起笔来。
>
> 仔细一想，我这天赋的异禀完全是来自个性的，既不因别人而加强，亦不会受到任何妨碍，因此我想在这天赋上建立整个自我存在的基础。

从 1773 至 1776 年之间，歌德创作的作品前所未有的多，其中所涉及的题材也几乎多得不可胜数。有的以牧歌、颂诗、赞歌的方式呈现在我们面前，有的则以充满感情的书信流传至今，但其中散佚失传的却不知道有多少。我们不知道歌德完成了多少计划，废弃了多少构想，包括《普罗米修斯》等多数已经开始着手的作品都半途而废。这些我们如今就只能看到片段而已。

《少年维特之烦恼》出版前后的这几年，是歌德文学创作的丰收时期，也是他为解释宗教问题而努力不懈的时期。歌德曾匿名发表了一部涉及宗教的作品，这部作品中他以一位乡下路德派牧师的口吻，阐述了自己对 18 世纪神学思潮的看法，否定了信条主义、正教主义及合理主义，认为唯有基督教才是正统。在神学论文的内容和形式方面，他倾向于卢梭的观点，并接受赫尔德的意见；但在其他方面，歌德开始有自己独特的立场。这本书的观点认为，基督教义只有建教后一百年是纯正的，后来经过不断地解读和所谓的发展，已经与最初的精神大相径庭。歌德就是基于这种观点对当时的宗教制度加以批评，在这部作品中他只是对这种批评稍加暗示，但在后来的作品中，这种批评已经有了具体直接的内容和明确的指向性。

转折

1775 年，是歌德在法兰克福市的最后一年，他又有了新的恋爱对象。她叫莉莉，当时只有 17 岁。两个人的恋情发展稳定，很快就定下了婚约。但是不同的家庭背景、有差异的宗教信仰及双方父母的不了解，使他们的爱情前途黯淡。何况当时，歌德对自由的爱情和安定幸福的家庭生活之间可能存在的矛盾有些悲观的预见，所以他的心理开始动摇。歌德在这年 2 月给一位女性朋友的信中写道：

亲爱的小姐：

相信你在阅读这封信时，想象中的我是这样的：穿着华丽的衣服，在豪华艺术灯的照耀下，炫耀着身上的装饰品，在赌桌前喧哗吆喝，穿梭在轻松愉悦的交际场合，演奏会之后又是舞会；有着轻浮的兴趣，对金发美貌的少女，发出惊异的赞叹。这些都是由于我平日的嬉笑胡闹给你造成的假象。我多么想跟你谈谈我内心深刻的感情啊！

在这料峭的二月，穿着灰色皮衣围着褐色围巾的我，虽被寒冷刺骨的朔风所侵袭，但仍隐约地嗅到了春的气息。这充满爱的广大世界在我心中沉潜酝酿，我将努力地工作，用我的诗歌描写青春无邪的感情，用我的戏剧刻画人生的痛苦，用我的画笔绘出朋友们的神态和周围的风景，让我所深爱的人在白色的纸上留下色彩缤纷的姿态。

你能想象这样的我在工作中，脑海里想着些什么吗？飞跃的理想与自我的情感交战着，既渴望享乐又希望为理想而不懈奋斗。

我在清晨时刻，心中突然涌起一个使命——写信给你，和你这样一位善良美好的女性神交，是多么幸

福的感觉啊！这才是真正的歌德。

这位女性朋友和歌德自《少年维特之烦恼》出版后就相识相知，但一直都是依靠书信往来，并没有见过面。

这时候的歌德想要离开法兰克福，他想要尝试一下，自己离开莉莉之后是不是还能快乐地生活。此后，在歌德的生涯中，他曾经几次尝试用空间上的别离，来克服精神的危机。

他在一部戏剧作品中，对自己当时的情况作出了如下记录：

我必须离她而去！我为何愚蠢地被束缚着？！何必遭到这种束缚？！如果这样拖下去，我的一切的力气都会被窒息，我所有的勇气都会被夺走，我一定会被拘束得不能动弹。如此在我心中还能留下什么？我还有什么发展可言！我必须飞向自由的世界！

由于某种机缘，歌德终于实现了离开的愿望。1774年12月，歌德认识了魏玛公国的公爵卡尔·奥古斯都。第二年，奥古斯都路过法兰克福，他热诚地邀请歌德到魏玛公国任职，歌德接受了他的邀请。

10月初，是奥古斯都公爵派人到法兰克福迎接歌德的时候，然而使者却毫无理由地失约了。这时的歌德，因为精神状态上的危机急于离开法兰克福，所以使者的失约让他极为尴尬且郁郁不安。父亲见歌德如此，便建议他前往向往已久的意大利。

1775 年 10 月底，歌德动身前往意大利，途经海德堡时，魏玛公国的使臣找到了他，向他说明失约的理由。于是歌德再次改变计划，随同使臣前往魏玛。

冥冥中似乎有一种模糊不清的神秘力量，在牵引着歌德的命运。《我的生平 诗与真》中描写了歌德动身前往魏玛公国时的心态：

> 好像被不可见的神灵鞭打着一般，时间仿佛白驹过隙，拖曳着我们命运的轻车疾驰而过。我们只有壮着胆子，牢牢握住缰绳，时而左，时而右，避过这儿的石头、那儿的悬崖，驾驭着车子。谁知道最后会到哪儿呢？因为从哪儿来，早已经想不起来了。

供职于魏玛公国

积极参政

　　1775 年 11 月一天的黎明，歌德抵达魏玛这个人口不多的宁静小城。

　　是什么让这位惯处于繁华都市，名声又如日中天的天才诗人羁留在这寂寞的小城呢？一方面是因为以奥古斯都为首的魏玛宫廷人士对文化艺术的尊重与爱好，另一方面是因为歌德本身具有的绝不半途而废、一定要坚持到底的精神。再则，歌德终于在这里发现了足以让他大展抱负、振翼高翔的

魏玛古城街景

天地。

在奥古斯都公爵即位前，魏玛公国由他的母亲统治。公爵母亲统治期间，正值七年战争，她在那样风雨飘摇、波诡云谲的时局中，一面统理国政，抚育二子；一面推展艺术与科学，礼聘各方优秀人才。她的统治为魏玛公国创下了光明的远景，也为一切艺术的发展奠下了坚固的基石，这使得魏玛公国一直享有"学术宫廷"的美名。

1775 年 9 月，这位被歌德形容为"人格完美、感情细腻的女统治者"禅位给长子卡尔·奥古斯都。

很多年后，歌德回忆这位年轻的公爵给他的第一印象时说：

> 我抵达魏玛时，公爵才 18 岁，但他的眉宇之间，已隐约露出栋梁之材的迹象。之后，我与公爵一直相处得十分融洽，我虽长他近十岁，但这年龄的差距反而有益于我们的关系。他成天和我谈论艺术、自然或者其他的事，有时甚至讨论到深夜，然后就并排坐在沙发上睡着了。
>
> 他像是尚在发酵中的高贵葡萄酒，连他自己也不知道将来会有什么样的发展。我们经常拿生命当赌注去冒险，骑马、狩猎，越过荆棘、山沟、河流，爬上陡峻的山岭，夜晚则搭起帐篷露宿野地，在森林中升起熊熊的篝火。他一直对诸如此类的事情乐此不疲。
>
> 他继承公国的王位，名义上是没有任何意义的，

可是如果他肯努力地做好一切事情，那么这便是有意义的事了。

公爵最初的表现令我迷惑而担忧，但随即便安心了，他发挥了非凡的才能，具有良好的教养，使每一个跟他相处的人都非常快乐而舒心。

过惯了无拘无束的生活，一旦要负起具体的使命和责任，歌德多多少少还是有些不习惯的。刚到魏玛的几个星期里，歌德参加了好几项规模庞大的休闲活动，1776 年 2 月，他写给法兰克福的一位朋友的信中说：

我打算长期留在这个地方，坚定地达成我的使命。因为这一切有益于我的命运。在魏玛的几个政府工作人员，虽然数年间都过着没有家庭的生活，但他们毫无怨言。目前我的当务之急是了解这个国家，公爵关心我的工作和感情生活，我也极为清楚，整个公国是多么信任我。

1776 年 6 月，歌德就任枢密顾问官，并实际参与了魏玛的国政。有很多反对任命歌德的大臣，他们对歌德参政纷纷加以责难，但卡尔·奥古斯都公爵却执着地为歌德辩护。他指出：

假如能运用他超群的才能，让他一展抱负，这对魏玛的发展有极大的好处。今天歌德博士虽然不是官吏、教授，也不是参议员，但我聘请他为我的幕僚，无论你们如何责难批评，都不能改变我的决定，因为一切批评都是偏见。我并不是为沽名钓誉而一意孤行，神可以证明我的一切作为都是正确的。

除了奥古斯都公爵，还有两位参议员赞成歌德参政，这确立了歌德在魏玛政坛中的地位。不久后，歌德就开始关心一切有关魏玛国政的事情。他所关心的政务小到消防法规的修订，大至交通行政、治水灌溉、财政军事等问题。甚至一些小国家的王位继承问题引发战争，进而引起各国宫廷间的严重政治和外交问题，都在歌德关心的范围之内。

1779年，歌德被任命为军事委员，公爵还要他统领约500人的防卫队，负责整个国家主要的防备与通讯事务。同年，歌德又被任为魏玛公国的交通委员会委员，这个委员会主管公国的公路修筑等问题。1782年，歌德被授予贵族身份。

歌德能身居高位，掌握大权，不仅是因为他和公爵之间与日俱增的信赖，最大的原因是歌德本身的才能。当然歌德对这些职务从不推辞，总是全力以赴，他认为这是对自己的一种考验。

起初这种"尝试世界上重要任务"的生活，让歌德觉得兴奋，但是慢慢地，他便觉得自己的公务是道义上的试炼。

"一切事务终归要靠伦理层面来统辖"，这是歌德在魏玛公国前十年的公务活动指标。当时他的日记里虽然充满了内心和外在的矛盾，却也能充分表现出他处理公务时的认真态度。1779年1月，歌德的日记中这样写道：

> 我今天参加了一项军事委员会议，我内心冷静而头脑清醒。第一次觉得对自己的工作，有足以胜任的信心。现在我将自己的全部精力放在事业上，事业的压迫对一个人的灵魂是有益的，在事情做完后，一个人可以感受到更多的精神自由和生活乐趣。终日无所事事，常使人苦闷难堪，最好的禀赋对他来说，也要变成尘埃灰垢了。

在处理公务的过程中，歌德实践了他现实主义的人生态度。1781年12月，他写给朋友的一封信中说道：

> 我绝不半途而废的性格，强迫我从事多方面的活动，为了生活下去，无论是在偏僻的乡村或是荒芜的岛屿，我都必须起劲地工作……在目前的环境中，我一定要冷静诚实地独力奋斗，以达到更好的境界。也许有些目标永远都无法实现，但还是要把眼光放在某个更高的目标上，我也会一直努力去做。

施泰因夫人

在魏玛公国任职期间,歌德除了要担负一些政治任务外,还被寄予文学和艺术上的种种期望。魏玛的各种朗诵晚会、化装晚会、化装游行、宫廷宴会都能看到歌德的身影,一些艺术爱好者组成的团体,都以歌德的加入为荣。在上述那些场合中,歌德每每应邀做一些即兴之作,这些作品充分地发挥了他的文学天才。遗憾的是它们中的大部分已散佚。唯一残存的是一些以洛可可主义末期形式写就的、取材于祭典、反映其神秘气氛的诗歌和戏剧。

这一时期,歌德的作品有 1777 年开始创作的长篇小说《威廉·迈斯特学习时代》、1778 年创作的戏剧《伊菲格尼在陶洛斯》、1782 年创作的叙事诗《魔王》等。

很多和歌德私人关系很好的著名学者、艺术家,在歌德的介绍下逗留在魏玛公国,这对魏玛公国文化艺术的发展产生了巨大的推动作用。

还有一件事不得不提,那就是歌德这一时期的情感,对象是宫廷女官夏绿蒂·芬·施泰因夫人。

歌德初到魏玛后，就与施泰因夫人相识。当时歌德26岁，施泰因夫人33岁。施泰因夫人自幼受加尔文教派的教育，22岁时嫁给施泰因男爵。施泰因男爵外表端正，家境富裕，是魏玛公国的马术高手，同时也擅长社交舞。施泰因夫人在她11年的婚姻生活中孕育了7个子女，但其中有4个夭折。她的身材不高，有一头黑亮的头发，算不得美女，但却颇有女性魅力。她的丈夫时常出差旅行到外地去选购马匹，而她也很安分地和子女们蛰居在私邸里。

施泰因夫人与歌德之前认识的女性都不一样，她成熟敏感，纤弱而楚楚动人，这使得歌德燃起了满腔的青春热情。最开始时两人都是因为好奇心而接近，不久后歌德便整天泡在她家里。歌德长时间逗留在魏玛公国，与施泰因夫人的存在不无关系。她无时无刻不在安慰歌德，勉励他、教导他，将他对文学艺术的满腔热情，引导成调和的审美感。歌德本身也承认在自己的人格发展过程中施泰因夫人的影响很大，但是他们的感情到底发展到什么地步，我们无法加以推测。因为施泰因夫人写给歌德的书信，后来不知道为什么被全部烧毁，没有留下一点蛛丝马迹。

1776年2月，歌德曾如此自白道：

> 施泰因夫人的心地是善良而伟大的，如此形容她是最恰当不过了，我深深地被她所吸引，迷失在她美丽的灵魂中。

歌德称施泰因夫人为"赐予温柔抚慰的天使",虽明知罗敷有夫,但歌德却不自觉地陷入这感情的旋涡之中。

施泰因夫人对于我的意义,恰好可以说明一种轮回的命运。也许前世我们是夫妻或姐弟,而今世我们只能做朋友了。

从前,歌德写给莉莉的诗中有一种悲伤的氛围,但是他写给施泰因夫人的诗中,则充满了思念和奇妙得不可思议的气氛。在这些优美动人的情诗中,《对月》是最有名的一首,下面是这首诗的前三节:

你又把幽谷密林,

注满了雾光,

你又把我的心灵,

再一次解放。

你用慰藉的光,

照我的园邸,

就像挚友的眼光,

怜我的遭际。

哀乐年华的余响,

在心头萦绕,

我在忧喜中彷徨,

深感到寂寥。

这首诗中，歌德运用高超的艺术技巧和行云流水般的清丽语言，把对施泰因夫人的钟情和对大自然的挚爱融合在一起，水乳交融。

心境清明

这一时期，歌德一直追求着"健康清明"的心理状态，其中自然少不了"精神教母"施泰因夫人的影响，但很大程度上也是歌德基于本身的责任感。他渴望蜕却青春时代的激情，从法兰克福时代的自我中心主义中脱离出来。

"心境清明"成为歌德指导一切行为的信念，他在日记中反复根据这一信念，反省自己的行为，就像一个想证明自己已经完全复原的病人，不管成功还是失败，把一切努力都详细地记录下来。1778 年初，歌德的日记上这样写道：

> 这星期以来，心境大都能保持纯净、清朗，对自己本身和周围的事情都能确实保持健康明澈的心情。

歌德除了在日记中，不断地提到他为追求"更健康、更清明"的境界所做的努力，还将这种理想的实践，成功地通过文学作品表现出来。

1779 年的春季，歌德在魏玛公国领地内的村落中一面监督新兵录用，调查各国道路状况；一面利用空闲，创作《伊菲格尼在陶洛斯》初稿。这部戏剧是他为清明心境而努力的一面镜子，剧中所谓的"全然无秽的灵魂才得清静"完全反映了他当时渴望达到的心境。

从完成《伊菲格尼在陶洛斯》到 1786 年歌德前往意大利游历的这段时间，尤其是 1779 年夏天，是歌德心理发展日趋成熟的阶段。所有认识他的人都感觉到，他的气质越来越安然淡定。这不仅表现在他"为纯净而努力"创作出的文学作品上，也能从他平时处理公务时，那种安定沉着的情绪态度上看出来。但是，在这期间也发生过一件意外。那是公国内的一次火灾。在这突发事件的处理上，歌德失去了以往的冷静。

> 6 月 25 日，星期日，晚上阿波利德发生了严重的火灾。我一得到消息，立刻赶到火灾现场，不眠不休地守候在那儿，我的计划、想法和时间分配都乱了脚步。人生无常，祸福不定，将来的人们仍将如此地生存下去。我深深地感谢神，使我不至于在这熊熊烈火中低头。

除了纯净的心态，歌德对于良好完美的秩序也有种不遗余力的推崇，这两者是他每天努力所希望达到的结果。

1780 年初，歌德在日记上这样写道：

> 我积极地工作着——保持客观准确的眼光，希望每日的工作都能顺利地进行……但军事委员会记录室的整备工作，为何费时一年半仍未完成？我渴望自己能如鸽子啄食般有规律地进行并完成工作，我希望一切事情都有日益合理的秩序和彻底、清楚的态度。

9 月，歌德写给朋友的信中，更确切地表现了他内心关于秩序的想法：

> 我所负责的工作，需要投入全部的精神。这责任对我的意义日渐深刻重要，我力图实现它，我希望成为一个与世界伟人并列的人。我要建造我的金字塔，尽可能地让它耸入云霄，高出一切，让一切都在我的睥睨之下，这愿望我没有一刻忘记。我必须及时去做，这些年来我已经在进行了。假如命运不欲成就我，以至于我的金字塔半途而废，我也要使这未完成的塔成为人间的一种壮观。至少要使人们看了，能够惊叹地说："这塔是个大胆的尝试。"假如我有幸还活着，我的意志将坚持到底，直到成就了整座金字塔才算了事。

很明显，歌德意识到自己过去的生活缺少平衡，以致精神每每陷于纷乱痛苦中。现在，他许下宏愿另辟蹊径，竭力地保持平衡，使生活安定，有秩序、有目的。他又说："半生已过，往者已矣。今后，我要像溺水获救的人，将自己置于有益的阳光下。"

歌德既然对生活采取了新的、积极的、建设的态度，他的文艺创作自然也受到了这种力量的影响。在"狂飙运动"时期，歌德的作品和个人的经历是有很大重合的，他所有的作品都是经历的再现。他的《少年维特之烦恼》，全书只是被维特的伤感所笼罩，除此之外别无其他典型化、观念化的人物。那时歌德认为这些没有必要，他塑造的人物已经栩栩如生地活跃在纸上了，有的光辉耀眼，有的鲜血淋漓。如今，"狂飙突进"的高潮已日渐远去，歌德由热情的天才转变成冷静的思索者，他对艺术的态度也由主观的变成客观的。从前，诗就是他的生活；现在，文学变成了"生活的解释"，是"真实的抽样"。

这种心境的转变对于他的作品的影响是好是坏呢？这是一个众说纷纭，迄今为止尚无定论的问题。不过，从席勒的话中我们也许能得到一点启示：

> 歌德根本上是个伟大的自然朴素的诗人，而非滥情的诗人。当他从一个朴素而情感自然流露的诗人，变成思索的诗人时，他天才的星光不免要晦暗了许多，

这是脱离了本质的缘故。

虽然有施泰因夫人的开导，歌德自己也努力保持清静平和的心态，但他还是遭遇了痛苦的精神危机。1779年秋天，歌德陪奥古斯都公爵到瑞士旅行，回来之后，他察觉到了自己精神上的矛盾。他觉得自己"日常生活的练达及洞察力日渐增长"，但同时也感觉自己像"被缚住双翼的鹏鸟，无法振翅高飞"。从前，他极欲参与的政事，如今却觉得厌烦，当时他写信向施泰因夫人倾诉：

> 如果能够脱离政治的倾轧，将全副精神投注到艺术、科学上，也许心情会更加舒畅。

当然，政治的倾轧并没有让歌德放弃文学创作，他在这期间对人性的体验，为数部重要的文学作品奠定了基础。很多作品的构想都在此时形成，如果以酝酿出多少作品而言，这的确是个丰收期。

在歌德此时生活中占有重要分量的，还有一件事，那就是自然科学的研究。歌德在监督魏玛矿山开发时，对地质学产生了浓厚的兴趣。他也曾学习化学和天文学。成就较大的是他对解剖学的研究，他得到一位大学解剖学者的教导，懂得了人体构造，之后从比较解剖学的观念和有机界连续发展的理论方面着眼，研究自然和人类的发展进化。他在第一篇比较解剖学论文《论人类与动物的颌间骨》中阐述了人类原始颌间骨的价值，并指出生物的进化观念。这奠定了这种新兴科学的根基。

这十年虽然是歌德最有成就的时期，但他对政治的倾轧、社会的繁文缛节、小政府的无聊娱乐等现实渐渐感到懊恼，他觉得必须另求新生。同时，束缚他留在魏玛的另一个因素——对施泰因夫人的爱，也逐渐褪色。因此他恳请奥古斯都公爵给予他"不定期的休假"，并准备随时出发前往欧洲各地游历。歌德没有对公爵和施泰因夫人透露这个计划。他结束了在波西米亚温泉的短暂假期后，就不告而别，去开始他一生中最大的盛事——意大利之旅。

9月3日凌晨3时，我悄悄地由魏玛出发，若非不告而别，我可能永远无法成行，我不顾一切地走了，任何事情都不再羁绊我……

自由的行者

意大利之旅

　　歌德假扮成商人，坐着马车，从魏玛出发，一路向南。当时歌德最感兴趣、最关心的是绘画艺术，他对这种通过变化莫测的光线来展现无限想象力，并体现种种现实景象和思绪的艺术形式表现出莫大的求知欲。曾经在意大利接触到的古罗马文化，经历过的充满活力的民众生活，无一不诱惑着他通过这些恢复原来的活力。用另一种眼光来看，也许他渴望灿烂的阳光和色彩鲜艳的风景以及热情美丽的南方女性，所以就放下一切前往意大利。歌德在日记上，曾经详细地写下了途中的观感：

　　　　波西米亚是一片肥沃的盆形洼地，这片美丽丰饶的土地被缓缓倾斜的丘陵所包围，丘陵上到处是广阔的林地，这里的土质稍显破碎。此处地势虽高，但土壤肥沃，风景怡人。

　　这段描写，反映出歌德在这次旅游中，一改从前幻想与感性的主观意识，而开始客观地用眼睛观察、欣赏艺术品及风景画。他自己也说："我学会了尽量否定自己，努力体会目标物纯粹的内在本质。我此后将忠实地遵守这个原则。"

歌德一路上行色匆匆，拼命赶路，每天黎明就动身，夜里只是和衣而卧，好像生怕有人会突然出现来阻挠他的前行。途中许多山明水秀的地方，如威尼斯、佛罗伦萨等，他都走马看花，无暇多顾，只一直向着他的目的地——罗马。

他离罗马仅剩三天路程的时候，曾觉得罗马"仍像远在天边，这般遥远"。由此可见他心中的迫切。

1786 年 10 月底，歌德终于到达罗马了。

　　我终于抵达这古代的世界之都——罗马。如果在 15 年前，我一定会因为有最好的同伴和深具思考力的向导同行而庆幸不已，但现在，我是独自一人，用自己的眼光来看这个都市。虽然如此，我却有些庆幸自己来晚了 15 年。在罗马，我的心情是这般宁静。

　　我用自己的眼睛，印证记忆中熟识的印象，开始了新的生活，将我年轻时代的梦境，变成活生生的记忆。幼年时代，父亲悬挂在家中的罗马系列风景画，如今已变成真实的景物，一一呈现在我眼前。我最初从铜版画、木版画、素描或石膏像等获得的有关罗马的一切印象，全部还原成原来的面目。无论我走到哪儿，都可以在这全新的世界看到我梦寐以求、似曾相识的景物。这种经验是崭新的，以往不曾有过的。

我的观察和理念并没有出现大的颠覆，因为一切都是这么熟悉。但以前那些古老的印象却被赋予了新的清晰的生命，印象与事实的重叠也是一种全新的体验。

这一次，歌德在罗马停留了四个月，罗马的艺术品和南国的风景深深地吸引着他，参观博物馆、观赏戏剧演出、参加游行和宗教祭典是他当时的生活重心。

到处都可以看见伟大和破坏的痕迹，二者并存不悖。在其他地方必须刻意寻找的特殊事物，在这儿却俯拾即得。

1787 年 2 月，适逢罗马的嘉年华会，在这里的所有全新的经验，对于经过长期忙碌政治生涯的歌德来说，无疑是灵魂的涤净剂。

随着日子消逝，我觉得内心的枷锁逐渐解除，我得到连骨髓中的本质也跟着蜕变的经验。

歌德在好几封写给友人的信中提到自己"从内心的变化中得到了再生"。他沉醉在以前从未有过，此后也不可能再有的幸福之中，他的情感和思想不受任何束缚，自由驰骋。

我终于抵达希望中的目标，正如你们所想象的那样，我一直保持着宁静的心情和清晰的头脑。我训练自己，打开心胸，接受自然，保持眼睛的澄澈明亮，不带任何主观色彩。将一切僭越的心情抛弃，因此我得到了宁静。

我每天都可能遇到印象深刻、无法忘怀的事物，接触到伟大而珍贵的艺术，我所遇到的一切，都是以往梦寐以求，长期以来仅凭想象而不曾得到的。

今天傍晚时分，我站在巍峨耸立的宫殿废墟上遥望俯瞰。面对那些景物，我不想多置一词，也无法多置一词。现在我唯一能表达的，是我精神的丰盈与内在的坚强，这种感觉使我不再觉得世上的一切都枯燥而索然无味，喜悦之情满溢而出。

有些在罗马见到歌德的人，比如一位著名画家，他对歌德抛弃一切僭越自我观念的状态感到非常惊异，他在写给朋友的信上提到：

透过你和其他朋友关于他的描述，我自认为对歌德已有某种程度上的了解，至少按照我的想象，他应该是个热情洋溢的人，但是这一次见面，你绝对无法想象，我从他身上竟然感受到宁静安详的气息。更令我感到意外的是，他对任何事物都非常熟悉，在任何场所都自由自在。他的生活状况十分简朴，他与我合租一个房间，并且只要求一些非常简单的食物。

现在，他正住在那个房间里，早上九点以前，他埋头写作。之后，便外出参观罗马伟大的艺术。由此可见，他的生活是多么真实而简朴。

除了艺术家之外，他从不与俚俗的人打交道，他很少外出拜访朋友，也几乎没有什么访客。

1787年2月到6月，歌德离开罗马前往意大利南部旅行，以那不勒斯为歇脚处，参观了庞贝城遗迹等地。他在这些遗迹当中看到了古代人的理想、美感、纯洁、自主与平衡感。追求"静寂"和"纯粹"渐渐成为他日常生活的原则。不久之后，歌德决心放弃做画家的志愿。在离开意大利的前一个月，他将文学确定为自己终生的使命。

这期间，歌德还曾与传授他水彩画的画家一起前往西西里岛。此次旅行使歌德收获颇丰，他后来觉得，如果没有去过西西里岛，他心里将无法描绘出意大利的全貌。

西西里岛给歌德的第一个收获是，他对荷马的《奥德塞》有了新的理解，并计划以其中的人物为中心，写一出荷马式的古典剧，歌德后来回忆道："在西西里后半段的旅行大部分是以完成这出古典剧为目的的。"

逗留在西西里岛的第二个成果，便是关于自然科学的研究。歌德数年以来，一直对动植物进化法则兴趣盎然，也展开了一些研究。他在西西里岛的植物园中，观察"原始植物"，从植物初生的角度，归纳发现植物生长的统一性原理，他写信给一位挚友：

> 我迫切地要告诉你一件事，我已发现植物生长及组织的秘密。当然，只有在西西里岛，才能完成这伟大的观察。我还有一些问题与观点尚未完全澄清，尚需努力。
>
> 因为看到了这伟大的原始植物，我更加佩服大自然的神妙。由植物进化的规律，我们可以推测植物在未来的发展。也就是说某种植物目前可能还不存在，但经过演化，将来必定会出现。这绝不是文学虚幻，而是基于一种内在的真实的必然性。由此可见，同一法则应该可以适用于一切具有生命的生物。

从意大利南部返回罗马之后，歌德又在那儿停留了一年。这"二度的罗马之行"，对他的心灵震撼远不及首次。

在这期间，歌德画了数百幅褐色素描，并且完善了以前的一些作品。戏剧《爱格蒙特》完稿，还有些作品的片段被完成。为了《爱格蒙特》的配乐，歌德经常去聆听古教堂曲。《浮士德》里有一幕充满了北方阴森气象的片段也是他在这南方明媚的花园别墅中写成的。

南国温煦的日光下，歌德完全自由而了无牵挂，他似乎感到青春的恢复，像是痛饮了青春之酒而醉了一般。他的心里时常泛起年少时的一些情绪，但这些都像回光返照般，不一会儿就烟消云散了。

终于要告别罗马了，这是令歌德最痛苦的一件事。他在最后的几天里经常浴着月光，满怀别情地徘徊在街道上。20多年后刊行的《意大利游记》中，歌德提到了他当时心中的郁闷和不舍：

最后数天，散漫而哀伤的气氛使我无法自己，除了和少数几个好朋友去散步外，我试着一个人走在长长的寂静的街道上，往昔熟悉的景物如今却似乎陌生无比。漫无目的地踱到圆形竞技场遗迹，俯伏在格子窗上，幻想曾经喧嚣繁华的情景，我无法接受自己即将离去的事实。

就在这徘徊沉思中，我为罗马之行下了一个结论。"巨大"给予人易于了解的独特印象，一种英雄的、悲壮的气氛由我内心深处涌出，逐渐地酝酿成诗的形式。

在同样的一个月光之夜，被迫离开罗马的命运，像一首宇宙的悲歌，瞬间又回到我记忆之中。往日的情景清楚地浮现在脑际，我几乎错以为时光倒流。一首尝试写作而无法完成的诗再三地使我吟哦不已……

罗马最后之夜，

凝结一夜的悲哀在心中浮现，

残存心中多少珍贵的往事，

泪珠潸潸地溢出眼眶。

尘世喧嚣逐渐静谧，

皓月高踞天空俯视夜之马车，

仰望明月寻找我们的守护神，

我眺望的眼光却停驻在……

在战争中

1788 年，歌德回到了魏玛，意大利自由自在的生活过去了。在南方的欢乐岁月中，歌德沉浸在古典美的清明中，怀抱着对将来的憧憬客观地审视自己的现实生活。现在忽然回到他身为官员的旧土中，幻灭后的失望和悲哀必然一直纠缠着他的心。基于此，歌德回到魏玛后，态度变得非常冷淡，与许多朋友日渐疏离。

我从形象丰富的意大利，回到文化贫瘠的德国，仿佛由明朗的天空下回到阴郁潮湿的小角落。我在遥远的彼方所经历过的感动，以及重回现实、陌生而被遗忘所感受到的苦恼和叹息，似乎没有朋友能了解。

他们不再关心我，不再慰藉我。这一切都使我陷入绝望之中。

歌德觉得被遗忘、被孤立了。最初赏识他的奥古斯都公爵，为了自己的任务长年出使在外；赫尔德觉得自己对歌德的影响力不如从前，也阴郁不快地疏远他了；施泰因夫人则因歌德意大利之行的不告而别耿耿于怀，事后总不肯谅解歌德的行为，到1789年初，二人以绝交收场。

回到魏玛公国后，歌德再度成为政府官员，不过他只接受了从前任务中的一小部分，形式上他仍是枢密顾问，但他全心贯注的，却是公国的学术和艺术设施。其中他最关心的是耶拿大学的改进，他兴致勃勃全力以赴，并时常留在耶拿大学与教授们交往。在此期间，歌德和席勒曾数度会面，但二人之间并没有产生亲密的友谊，席勒认为他们最初的疏远是因为彼此思考方式的不同："歌德的哲学多半由感觉而来，而我却是得自心灵……"席勒一开始对歌德的印象是这样的：

经常处在歌德身边，可能会使我陷入不幸。他对亲近的朋友从不表现出感动的情绪。要探索他在想什么是件很不容易的事，我甚至觉得他是个极端自我的人。他善于观察人心，注重小节，有透视他人内心，与他人沟通但又使自己本身随时保持自由的才能；他不吝啬做善事，但却不牺牲自身。我认为这是他做人的一贯准则，简单点说就是自我主义的极致。本质如此的人，身边不应该招聚过多的人。本来我对他的才华非常倾心，但由于他的态度易招致别人的误解、怀恨，他在我心里唤起的是一种混合着憎恶与喜爱的情绪。我极想改变他的精神，却又敬慕他成熟的思想。我决定在可能的范围内，利用别人来观察他。

　　席勒的这种印象跟魏玛舆论界对歌德私生活的批评有很大关系。歌德由罗马回来后不到一个月，就被一个"个性极端自然"的穷苦小市民的女儿深深地吸引了。不久之后两个人便住在了一起，这个女人就是后来的歌德夫人克丽斯汀。

　　对于魏玛社交界的否定态度，歌德轻描淡写，用了这样一句话来回应："我们在不经任何仪式的情形下结婚了。"这桩婚姻带给歌德安静而满足的家庭生活，当然，这是因为歌德对克丽丝汀的精神世界一无所求。同居后的第二年，也就是1789年，他们的长子奥古斯特诞生，但这唯一的儿子却在歌德晚年时，纵情酒色，客死他乡。

　　1791年，歌德和耶拿大学的一些教授一起开办了魏玛宫廷剧院，这个剧院两三年间便发展成为德国最大的剧院之一。可惜当时的人们对歌德和席勒的戏剧都缺乏兴趣，而是热衷于以娱乐为本位的通俗戏剧，歌德对此极为失望。

　　这一时期，歌德完成的文学作品也为数不少，如《罗马悲歌》等，还有一些即兴的戏曲作品。

当时歌德对自然科学的兴趣已经胜过了文学，他不再实验光学、植物学、解剖学，而是以"原始植物"的构想为基础，发展植物进化论学说。他将自己的学说命名为《植物的蜕变》。这本书在 1790 年出版，歌德在书中证明植物是由蕨叶的某一部分发展而来，是经过多阶段的变态才发展成现在的样子，且就种种变态加以解释。

> 植物萌芽、开花之后结成果实，但这些都是负有某种任务才发生的。经常改变形态以实现自然法则的是植物的同一个部分。在茎或叶长出的同时，相同功能的构造变为花萼、花瓣的形态，成为繁衍的器官，最后即发展成为果实。

这期间，歌德对骨骼学也展开了思考和研究。1790 年，歌德在一个犹太人家里，偶然拾到一个羊的头盖骨。他发现动物的头盖骨，都是由类似的脊椎发展而成。

18 世纪的后十年间，正是欧洲大陆破旧立新的时代。1789 年爆发的法国大革命令歌德有些不安。受到植物进化论的影响，歌德认为人类社会的改革也必须循序渐进，不可诉诸暴力。

席勒、赫尔德等人很赞赏巴士底狱事件，而歌德对这种狂热的激情却极力表示反对，他认为革命性的本能解放会使一切精神文化产生危机，造成不安。此后五年间，他的一些戏剧作品，诸如《大科夫塔》《平民将军》《列纳狐》《德意志逃亡者对话录》等，都针对政治暴力行为加以讽刺。

歌德关于革命的看法自然不会被民众所接受，他们不关心歌德崇尚的自然进化论，只在乎自己的权利是不是得到了保障。歌德的这些言论会招致非难也是意料中的事。

1824 年的时候，歌德曾向奥古斯都公爵解释当时的情况：

> 我的确不是革命的赞同者，革命将带来善果或恶果还难以预料，但恐怖行为在我周围不断地发生，使我既震惊又愤怒，某些人想在德国发动类似法国事件的事实，使我无法继续沉默下去。
>
> 同样地，我也不是傲慢任性的执政者的支持者，我确信革命不是国民的责任，这个责任应由政府承担。如果政府能不断地追求公正，适应大众需要而改革政治，社会将呈现一片清明；如果对人民的意愿不辨是非便横加否决，则人民群起反抗，革命因之而起是不可避免的。
>
> 就因为我憎恶革命，所以被认为是当权派的同党，这真是极大的误解，我绝不认为现在的政府没有缺点。如果现存的政府一切都是优秀善良的，我倒很乐意成为他们的同党，但是现存政府的缺点是有目共睹的，被视为当权者之友，即意味着冥顽不化。时代在进步，人类的观念也在随时发生改变，1800 年认为完美的制

度，到了 1850 年可能就会被视为落伍。

1792 年，法国大革命引起了周边国家的不安，普鲁士、奥地利成立联军攻打法国。夏天，联军的一场战事失利之后，歌德便与这时代的大事有了直接的接触。身为普鲁士联军指挥官的奥古斯都公爵邀请歌德作为随员，赴前线参加战斗。

30 年后，歌德根据自己的亲身经验和对有关资料的详细研究，写成了《法国的政治运动》。在这本书中，歌德叙述了自己对战争的体验，对在秩序与非秩序、维持与破坏、掠夺与付出之间维持生命的艰难的感叹。这部作品没有热烈的情感，只有旁观者的冷漠。

歌德到达前线后，对战术丝毫不感兴趣，他的多半时间都花在观察炮轰对人类心理的影响上。有一次，在普鲁士的阵地里，歌德甚至无视那些猛烈的炮火，兴趣浓厚地观看积水的炮弹坑中，悠游自在的小鱼。

1792 年 9 月，普奥联军再次战败。这时，真正预见到神圣罗马帝国即将瓦解的，似乎只有歌德一人。

今天已经结束了，法国军队的阵地仍完好无恙……友军从炮火中撤退，但我却并不觉得惊讶。最令我震惊的是全军士气的变化：今天早上，联军还一心一意想歼灭法军，士气高昂。我之所以加入联军，也是由于这股亢奋的军心以及对奥古斯都公爵的信

赖；而现在大家却都垂头丧气，茫然不知所措，士气
已低到极点，甚至有人开始诅咒天怎么还不亮。

我们依然围聚在一起，但却不像往常一样升起炭
火，也没有年轻人欢乐的呼叫声。大部分人都沉默不
语，只有少数几个人偶然交谈几句，大家似乎都已经
丧失了思考力及判断力。

他们叫我对这件事情，向大家做个简短的谈话，
以提高军队的士气，但我想说的却是"从此时此地起，
历史就要展开新的一页了"。

一个星期后，联军溃败。士兵中有的断手残足，有的病
容凄恻，有的长吁短叹，他们零零落落地在泥泞的道路上跟
跄行走。歌德在撤退中，辗转回到魏玛，暂时从战争的残酷
中得到了喘息的机会。

第二年2月，联军卷土重来，且又加入了一些新的国家。
夏天，联军包围了法军占领的缅因兹市，跟随着奥古斯都公
爵的歌德再度目睹战争的惨烈。

7月，联军攻下缅因兹市，在法军战败撤出时，发生了
一件事。歌德在缅因兹市公路的关卡附近，看见一群憎恶法
军的人们，袭击一支由城中撤出的流亡法军。歌德一无所惧
地走过去，阻挡了愤怒的人群，让这支军队继续通过。通过
这件事，我们可以看出歌德悲天悯人的胸怀。

我在排解这场纠纷之后，走到一位朋友家，他用英文夹杂着法文向我说："他们哪里冒犯了你？你干涉这件事可能会带来不良的后果。""我才不担心这件事呢！"我回答道，"就如同我把你家前面的广场收拾干净一般，这不是件很好的事吗？激烈地煽动民众的情绪，就如同在广场上撒下对任何人都无益的碎片一样，才真的不会有什么好结果。"

　　现在，法军静静地经过我们的窗下撤退了，聚在一起交头接耳的群众也慢慢散去，他们走到街上寻找失散的亲戚及在战火中幸免于难的财产。当他们看着满目疮痍的街头景象，又发现自己已孑然一身时，难免迁怒于这些敌人，于是积压在心中的怨恨形之于色，使他们向正在撤退的法军做出报复性的举动。

　　我不顾危险地对撤退中的敌人表示同情，我善良的朋友对我的解释并不满意，我反复地指着他家前面的广场加以说明，最后，我焦躁地说："要我忍受这种混乱无序的场面，我宁可犯罪"。

　　1794 年，歌德在关于缅因兹战役的报告中，再次清楚地阐释了他对朋友所说的那些话："我觉得每个人都应该留在自己的工作岗位上，使科学与艺术的神圣之火在灰烬中得以继续保存，直到战争的黑夜过去，和平的黎明亮起为止。"

与席勒的友谊

意大利之旅结束后，回到魏玛的歌德在各个方面都受到冷落，精神上陷于孤独状态中。与席勒的友谊是这一时期让他觉得心境得到滋润的唯一一件事。

席勒出生于 1759 年 11 月 10 日，是德国文学史上著名的"狂飙运动"的代表人物，被后世公认为德国文学史上地位仅次于歌德的伟大作家。歌德以《少年维特之烦恼》轰动文坛，席勒则以诗剧《强盗》一跃成为文坛的宠儿。

从歌德与席勒的经历，以及他们所宣扬的思想上来看，这两个人能成为知交是令人意想不到的。歌德经常强调，两人的相识是"极幸福的事情"。

歌德与席勒之间几乎隔着一道难以超越的鸿沟，尤其在学问兴趣和对自然的态度方面，这种差异特别显著。席勒对历史比较感兴趣，他认为人类意志和自然力量的冲突是一种能够激发人心的助推剂。而对歌德而言，历史无论在文化方面和伦理方面都是令他十分讨厌的，他认为历史是"一张错误和罪恶的，纷紊狼藉的桌子"，其中没什么是非正邪可言。

魏玛城中歌德与席勒的塑像

他所感兴趣的是对自然的研究，他觉得自然统一和谐的大秩序，可以作为人类建立生存法则的榜样和楷模，可以纠正人类每每陷于错乱的行为。

他们俩之间不仅仅只有上面所阐述的这一点差异，更大的差别是他们对于抽象思想的态度。在这方面，席勒是典型的理想主义者，他所要求的是"理论"和"观念"，他在自然现象上加以观察，将复杂的自然现象归到同一概念的解释上。而歌德却是现实主义者，他对于感官所能接触到的自然和呈现在他眼前的世界，并不作一些抽象概念的解释，他尊重事实和经验。

这些观念上的差别也很大程度上影响到他们文艺创作上的态度和方法。歌德喜欢实地观察事物，不带个人主观色彩。席勒说歌德的这种行为只是"从外表上去看事物，而忽略了其内涵。"席勒的态度是主观的，他所侧重的不是物象本身，而是物象在人的心里所引起的意念。歌德年老时，曾对他的秘书说："席勒的大作《威廉·退尔》里的地方色彩全是席勒自己构思而成的。"《威廉·退尔》是一部描写瑞士英雄猎人故事的戏剧，席勒从未去过瑞士，却将这一传说诠释得极为生动。可见席勒的作品中主观与抽象的色彩十分浓厚。

歌德和席勒如此不同，甚至可以说是南辕北辙，但是，也正是由于这些不同，他们更能客观而理智地批评对方，激励对方的创作。他们俩由最开始的互相冷淡、轻视而发展为真挚坦诚地相互交往，在文学史上留下了一段佳话。

前面我们提到，在创作态度上，歌德是现实主义者，而席勒是理想主义者，关于这一点，必须再做更进一层的解释。现实主义者究竟是怎样的概念呢？莫泊桑说："现实主义者，假如他是个艺术家，他为我们显示的并不是一幅生活平庸的景象，而是一个幻象，这幻象较之生活本身更完整、更深刻、更真实动人。"歌德就是这样的一个现实主义者。如他自己所说："当我观察时，我是个彻底的现实主义者，我真实细腻地去观察当前的事物而不加增损。反之，当我运用心灵时，我又可以说我自己是个彻底的唯心主义者，我不问事物的本身，只问它是否与我对它的概念相合。"

所以，所谓的现实和理想不过是更偏向哪个方面而已，正如歌德不是一个彻底的现实主义者一样，席勒也不是个绝对的理想主义者。他对歌德说："诗人和艺术家之所以成为诗人和艺术家，是因为他们既能凌驾于纯粹的现实主义之上，而又能不脱离感官的领域。"他的意思就是说，诗人和艺术家既要着眼于实在的物象，同时又不能让物象禁锢自己的思想。从这些话里，我们可以看出他们两人的思想中，似乎有一些共通之处。

歌德说："席勒的理想主义和我的现实主义是绝对不相悖的，我们两人的趋势没有合流前虽是各自孤立的，但最后仍是能够相互融合的。"如此看来，歌德和席勒并非南辕北辙，而是殊途同归。这可以融合的主张和思想是他们能成为朋友的原因所在。

1794 年 5 月，歌德和席勒在耶拿大学一起听一场科学演讲。演讲会结束后，他们在路上讨论各自对演讲内容的看法和意见，不知不觉就到了席勒家。歌德觉得尚未尽兴，于是在席勒家里，两个人继续讨论自然现象、经验、观念等诸多问题。歌德又提出了他植物进化的理论，结果虽然两人的意见相去甚远，但歌德觉得席勒和他同样对自然研究很有兴趣，而且两人都承认，这些意见上的差异，只是途径不同，在将来或许会有一个共同的归向。两人欣然作别，之后他们一直保持着通信来往，彼此间的友谊也就开始日渐深厚起来。

从席勒写给歌德的信中，我们可以看出歌德的处世智慧和他伟大的人格。下面是席勒 1794 年 8 月，两人交往渐深之后写给歌德的一封信的节选：

很早以前，我就在远处观察着你。我经常以惊讶好奇的心情，看着你迈出的每一步路，你用意志不坚的人绝对不会采用的最艰难的方法，探索自然界发展的法则，以个体来观察整个自然，并且以整体的立场作为观察个体的根据。你从简单的组织开始，进而研究复杂的组织，最后将那些最复杂的自然构造素材加以组合……你巧妙地把表象丰富的精神全貌，当成美好的统一体，将之归纳出来，这可说是伟大而真正具有英雄价值的。你可能不希望终生只为一个目标而努力，但是达成目标的过程却比目标本身的意义更深刻。就像《伊利亚特》中的阿喀琉斯必须在菲迪亚和长生不死中选择一项一样，你也会面临如此的选择。如果你生在希腊或是意大利，那么从摇篮时代起，你就被理想与艺术所包围。那样你追求古典的路程可能会缩短很多。你身为德国人，而如此崇尚希腊精神，那么在希腊的古典和德国的现实之间，你一定会面临二者择一的境况……

我只是依自己的见解，来判断你的精神发展，而我所说的未必是你真正的面貌，我想你会明白的。

四天后，席勒就收到了歌德的回信，信中充满感激，毫无芥蒂地承认了他的见解：

你充满友谊的手，将我全部存在的面貌都揭开了，由于你的关心和鼓励，我将竭尽所能发挥我的才能。这个星期是我的生日，而你的信是我所收到的最有意义、最好的礼物。我很乐意告诉你我的一切活动和内心的想法。由于能力的极限和时间的限制，我想尽量把我所计划的事完成，只有这样，才能让生命更有意义。

在我们的关系更亲密之后，如果你在我身上发觉你清楚地意识到，但却无法解决的某种忧郁和迟疑，那么你就会知道你的关心，对我有多大益处。

歌德与席勒经由直接的交谈或间接的书信往来，交换着彼此的想法。这为双方带来了"纯粹的乐趣与真实的利益"，歌德调整了席勒对极端物象的喜好；席勒则把歌德从自然科学研究的道路上，拉回到文学创作。我们甚至可以说，如果没有席勒，歌德就不会在写完《浮士德片断》后，继续执笔，最后完成这部伟大的作品。歌德曾对席勒说：

你给了我第二次青春，使我再度成为诗人，以后，我不会停止写诗。

他们之间的书信往还，渐渐决定了他们偏向古典主义的艺术观。歌德早年埋藏在自然科学研究背后的思想及法则，而今终于以文学的、艺术的形象表现出来。

1794 年，歌德在席勒所编的杂志上发表《德意志逃亡者对话录》和《罗马悲歌》的一部分。两人还在这本杂志上共同发表了一千多首短诗，主要抒发他们对一些恶意批评家的不满。

1796 年，席勒将自己以前的诗作结集出版。在他的激励和鼓舞下，歌德也在这一时期创造了很多旷世的叙述短诗，其中有《温和的赠辞》《赫尔曼与窦绿苔》等。

这之后，席勒开始着手他的《华伦斯坦》三部曲中的第三部，歌德则完成了《威廉·迈斯特的学习时代》，又继续写《浮士德》。

在叙述诗《赫尔曼和窦绿苔》中，歌德将他的思想和烦恼公开了一部分，这使得他拉近了与读者的距离。

歌德和席勒的文学作品及论文，都能发人深省，而且大部分都有明显的教训倾向。随着光阴流逝，两个人共同的活动日益紧密，歌德以"极欢乐的心情去看待每一件事情，就像看待草木萌芽、枝叶日茁的新春"。为了扩展交际范围，席勒在耶拿大学取得了教授资格，1799 年迁居魏玛。主持魏玛剧院的歌德，由于席勒的加入，迸发出一种新的力量。他们开始共同尝试将很多名家的译作，如莎士比亚的作品，以偏向古典主义的方式和原理搬上舞台。于是，这小小的魏玛，由于二人的努力，成为德国最大的文化中心之一。

1805 年初，歌德与席勒相继病倒，他们彼此交换心得的习惯也被迫中止。两个人对恢复健康都没有十足的信心。尤其是席勒，他对自己身体的信心已完全动摇，歌德在后来的作品中写道：

在席勒生病的那段日子里，相继发生了几件惊人的事。傍晚和半夜的火灾，使他过度震惊，于是本来即将痊愈的病再度复发。他觉得像被绳索捆绑一般，被迫断绝了和人们沟通的机会，唯一能够缓解这种束缚的就是和朋友们的通信。从2月到3月，他所写的几封信中都是苦恼、忍耐以及逐渐消失的希望。5月初，他不顾一切地想到外面走走，很凑巧地，我们在路上相遇。这时候，他的神智已经不大清醒，于是我便陪他一起走。最后，到他家门前，我们分手了。这时候，我预感到，这一别很可能就是永诀了。9日，他终于去世了，带走了疾病，也带走了重重的折磨。

席勒的死，让歌德的精神陷入了一种"空虚"的状态，他不关心自己的工作，对一切事情都提不起兴致，整个人仿佛迷失了。他写给一个朋友的信上说：

我失去了一个朋友，我自己也等于死了一半。

这个重大的打击，让正在患病的歌德，更加难以痊愈。

直到这一年秋天，他离开魏玛到各地旅行之后才逐渐康复。

1822 年，歌德才终于写出追悼的诗作，节选如下：

脱落的肩胛骨曾经装饰无数饰物，

而今谁能够想象——

活泼的四肢已失去了生命。

疲倦的人们，

竟不能安息于墓穴中，

而是被掘出置于明亮的阳光里。

曾有一颗高贵的心，

如今已成枯干的头颅却不为人所爱，

这不是真理也非启示，

每个人终将如此。

被遗留下来的是有形的诗文，

在这堆无法动弹的骨骸中，

再也认不出曾经优雅的风华。

在这狭窄阴冷充满霉味的屋子里，

自由地安息吧！

生命之泉由灵魂中奔流而出，

那形态神秘而令人陶醉，

似乎保存着神的行迹，

如同水以高贵之姿流向海洋……

晋见拿破仑

　　时代的潮流依然在向前发展，法国大革命如火如荼地进入到拿破仑的时代。1805 年 10 月，反法联盟战败，神圣罗马帝国如歌德所料般瓦解。德国境内的各诸侯国组成"莱茵邦联"，成了拿破仑和法国的保护国。

　　歌德之前一直认为德国人民应该在科学与艺术方面谋求发展，而不是在政治上一争短长。多年后，他的学生和秘书就拿破仑时代对歌德提出了质疑："在那伟大的时代，你没拿起武器，同时也没有因为国民的非难而受到影响……"

　　歌德回答："不知道自己的目标是什么，或期望用什么去说服他人，这是很愚蠢的事。我心中不存憎恨，为什么要拿起武器？我也不再有青春的力量去拿起武器，如果我是20 来岁的小伙子，我决不落人后，可是当时我已是近 60 岁的老人了……在战鼓震天时，坐在屋子里——这是我当时唯一能做的事。如果我身处露宿的营帐中，深夜聆听敌人前哨的马嘶声，那么也许我会热血沸腾，投笔从戎。但即使我写出战歌，歌声也会丝毫不带战斗的气息，我对战争的感觉是那么遥远，我无法装出关心战争的模样。在我的诗中，从未出现过煽动性的词句，我不曾一成不变地将实际的事实写成诗，或迫切地将埋头苦干的事写成诗，我只在恋爱的时候写诗。更何况我心中没有憎恶之意，怎么能写出憎恶的诗？坦白地说，我一点也不怀恨法国人，但我还是感谢神的安排，使他们最后归于失败。文化与野蛮才是我迫切关心的事，我为什么要憎恶地球上文化最高的民族之一，我本身的素养大部分也是得自于这个民族的文化，我怎么能去憎恨他们呢？本来国民性普遍的憎恶，在文化最低的阶层最容易发生，也最为强烈。教养达到某一程度的国民，他们的憎恶便会消失，并且对于邻国国民的幸福与悲哀感同身受。而我就是属于这一层次的，在 60 岁之前，我的这种观念就已经固定下来了。"

1806 年，歌德虽然尽量与战争保持一段距离，但他还是被卷入战争的旋涡中。10 月，耶拿战役爆发，拿破仑集中九万兵力对普鲁士军队发动进攻。歌德以中立者的眼光，来看待整个经过。

> 下午五时左右，炮弹从屋顶交织呼啸。五点半，法军骑兵攻入城中开始烧杀掠夺，这真是个可怕的晚上。幸好建筑物牢固，并且有法国一位军官庇护，我们才幸免于难。

两天之后，歌德又写道：

……从不曾反对过我的所作所为，现在又和我共同接受危险试炼的克丽斯汀，我决定不仅把她当作女朋友，我要正式承认她是我的妻子。

　　10月19日，歌德和克丽斯汀在魏玛城内的教堂公开举行了婚礼，正式结束同居生涯。

　　耶拿战役以普鲁士军队几乎全军覆灭宣告终结，此后，歌德对拿破仑有了更强烈的信心。在这之前，歌德认为这个科西嘉人，只不过是一位法国革命的统一者；可是现在，他确信拿破仑能够整理政治支离破碎的欧洲大陆。

　　1808年10月，拿破仑召见歌德。歌德觉得这件事是自己一生中最重要的一件事。在晋见拿破仑时，拿破仑给予歌德的赞赏，使他深铭肺腑，基于双方的政治立场，歌德对拿破仑的钦服却只能用间接暗示的方法来表达。经过很长时间的踟蹰，第二年，歌德才详细描述了他与拿破仑见面时的场景。

　　那是一个早晨，歌德晋见的时候，拿破仑正准备用早餐，他的餐桌两侧站着两位拿破仑帝国的大臣。左侧的一位正在与拿破仑谈论军税问题。看到歌德进来，拿破仑以眼光暗示他停止再谈。他深深地注视了歌德好一会儿，才开始他们的交谈。

　　歌德还提到拿破仑自称他曾读过七次《少年维特之烦恼》，还说他远征埃及时，带了一本在身边，并告诉歌德他

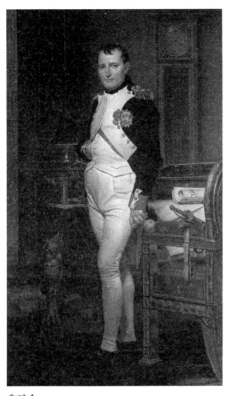

拿破仑

对这本书的意见。他问歌德，维特的自杀原因，除了失恋以外，为什么又混杂了一些别的因素。歌德微笑以应。他们谈的是文学，没有一丝一毫涉及政治。两人相互地表示敬仰，"狂飙运动"以后的歌德信仰人类创造性的作为和实际上的努力，不崇尚空言；而拿破仑正是一个卓越的实践者，一个军事天才的最好榜样。所以他成了歌德十分崇拜的人物。

拿破仑对待歌德也很谦恭，不带一点傲慢，他发表什么意见时，总是说："歌德先生，你以为怎样呢？"他赞美他的《少年维特之烦恼》，谈他所翻译的伏尔泰的《穆罕默德》。拿破仑还邀请歌德到巴黎去："到巴黎去，我招待你。在那里你可以为你的灵魂发现一个更广大的世界，你能找到很多可以作诗的材料。"

歌德欣然辞别后，拿破仑对他的左右说："这是一个君子！"

歌德有意识地将精神集中在自己的工作上，好在不安定的时代中保持心理的平衡。他和拿破仑之间没有继续来往，对那些反对他的议论，他采取了消极反抗的态度。魏玛人士不仅在政治立场上孤立歌德，还不承认他和克丽斯汀的婚姻。舆论界冷淡的态度深深地伤害了歌德，因此他又缩回自己的世界中，固守自己的灵魂。

自然科学的研究

这时候，耶拿大学的自然科学研究所开展了多方面的活动，歌德便继续在矿物学和植物学方面的研究。在他广泛的研究中，最有成就的是 1790 年发表的内容在数千页以上的《植物的蜕变》及 1810 年发表的《颜色学》。

歌德的《颜色学》并非是以数据为基础的理论研究，而是以非现实性的、抽象的理论加以推论。他激烈地反对牛顿利用棱镜把光分为各种颜色，他认为光是一种整体的物质，不含其他色彩。当然随着时代的进步，科学证明歌德是错误的。《颜色学》出版后，业内反应冷淡，这使歌德非常失望。不过，虽然这部《颜色学》学术上的价值不多，但我们却可以从此书中对歌德的观察方法窥视一二。

眼睛是依靠光而存在的。光线是由动物的相关机能或视觉辅助组织所产生，所以视觉的发生是由眼睛内面的光和外来的光相映而成。

可能没有人会反对光和眼睛的直接关系，但人们也很难同意这两者是同样的。举一个比较容易了解的例子：在黑暗中，利用想象力，可以看到明亮影像的幻觉；在梦中，虽闭着眼睛，也可以看到明亮的光线，而当我们醒来之后，稍有光线传入眼睛内，马上就看见外物。因此我们可以说这个视觉组织一受到机械性的刺激就会出现光和色彩。

经常根据各种秩序处理事情的人们一定会注意到，我们还没清楚地说明色彩到底是什么。对于这个问题，我想暂时保留不予回答。我们先来详细说明色彩是如何出现的。色彩是和眼睛感觉有关的有规则的现象，这种感觉要受到自然的影响，譬如盲人绝不会讨论有关色彩的问题。

歌德对自然科学的研究投注了很大的心血，但却并不像认识席勒之前那么彻底专注地研究。他这一时期的文学作品也很多。1806 年，《浮士德》的第一部宣告完成，他的"威廉·迈斯特系列"也开始了《漫游时代》的创作，这本书的最初几章，充满了神圣气氛。

虽然整个世界都面临着政治危机，但歌德仍完成了代表人类艺术与科学之美的《潘多拉》。1809 年，歌德的长篇小说《亲和力》完稿，它和《少年维特之烦恼》一样，出版后引起了社会上的广泛争论。

歌德在完成《颜色学》的同时，他的一位朋友去世了，他的遗嘱中，将自己未完成的自传文稿都交给了歌德，希望歌德能帮他继续下去。

我在他家及附近的地方体验他曾过着的日子，努力地想象他的生活。我自问，我能够为他立传，为什么不替自己写传记呢？因此在他的传记尚未完成之前，我就已开始计划要写自传了。我曾为了自传长期地犹豫不决，在母亲尚未过世之前，我就该写了。当时不但儿时记忆犹新，也可以由母亲口中得到更多我幼年时代的资料。然而如今母亲已不在，我必须以自己的力量去回忆那些往事，把全部的精神集中在过去，才能使如烟尘远扬的旧事，一一再次展现。

我只不过是个平凡的人，因此由观察人性的角度看来，我将自己细心诚实的作品命名为《诗与真》。在书中，不仅是现在，连回忆中的世界也都是配合自己的个性而形成。

这项工作因为具有历史性，又牵涉到很多地方和人物的事实，因此必须花费很多时间。不管在家或出外，我随时都为这件事而忙碌，立传的重要性变得仅次于生活。

经过广泛而周详的准备，1809 年，歌德开始动手写自传，为了押韵，他把题目改为《我的生平 诗与真》。1812 年 10 月，这本自传的前二卷完稿，两年后第三卷完稿。

其实早在席勒去世之后的几年里，歌德就已经感受到死亡的威胁，他觉得自己随时都站在"生命的末端"。1814 年夏天，拿破仑被迫退位，"政治的天空日趋明亮"，歌德前往德国南部莱茵河和美因河一带旅行。这次的游历使他再一次体验"新的青春"。

重归故土

再见故乡的兴奋，以及诸多友人温暖的情谊，使歌德经历了自离开罗马后，从未感受过的"精神活泼、高贵的幸福状态"。

歌德在这期间认识了法兰克福市银行家威廉特的夫人玛丽安娜，她是一名演员，体态丰盈，性格爽朗，有一对黑亮而灵活的眼睛。这段感情激荡了歌德沉寂已久的心湖，也唤醒了他自《罗马悲歌》后就潜伏着的才华。他开始创作《西东诗集》。当然，这部诗集并不完全是玛丽安娜夫人的功劳，主要还是源自歌德对东方文化的强烈关心。一个机缘巧合，歌德得到了一本 14 世纪波斯诗人的诗集，他读过之后大受感动。他发现东方的诗人活在动荡不安濒临崩溃的现实世界里，心灵竟然还能悠然自在地逍遥在理想世界，实在了不起。基于这样的刺激，歌德萌生了创作《西东诗集》的灵感。

1815年，歌德又前往德国南部，在美因河畔法兰克福市上游的威廉特家的别墅作客，数星期内又写成了一篇诗作。这是一篇男女二人对答的爱情相思歌，其中的男女主角即影射歌德和玛丽安娜。

这次旅行中，歌德曾数度前往海得堡，当他看到地方教会修道院中所收藏的德国古代版画时，深受启示。除此之外，旅行中的很多事情都令他记忆深刻，他对古典主义也有了新的认识。

> 年轻时代，为了生存，我不得不劳苦。为了保持心灵的平衡，将自己关闭在古典的世界里，为了保护自己，只好将一切扰乱身心的事情都加以排斥。现在，在我面前突然出现一种全新的、把观察和感觉完全分离的、有着前所未见的色彩的世界——这是永远如新的青春。

如此坦率的告白表现出歌德对古典主义的界限有了妥协。当时，正沉潜于"东方诗歌世界"，着手写《意大利之旅》，并不断研究自然科学的歌德，无法对有关古代德国绘画的"普遍性艺术世界"，给予固定地位的关爱。但他之前对于古典主义事物的态度，因与一些艺术家的交往而逐渐有所改变。

1815 年 7 月，歌德应施泰因男爵的邀请，前往刚成为普鲁士领土的莱茵州旅行。他向施泰因男爵表示，希望为那些在战争中幸存下来的艺术品尽一份心力。他在旅行中为莱茵州的备忘录作了周详的记载，这份数据详尽清晰，为后世的艺术研究提供了宝贵的参考资料。

歌德觉得莱茵河、美因河之旅的意义，就如同意大利之游，给他一种"再生"的感觉，然而当时，他并没有预料到，痛苦与失望也随之降临了。

1816 年 6 月，克丽斯汀去世。歌德在日记上描述了他内心的悲痛，他写道：

> 克丽斯订过世了，这是她与自然最后的争斗。中午时分，她咽下了最后一口气，突然间，一股死寂袭上了我空虚的心。

1805 年，席勒去世；1807 年，奥古斯都公爵的母亲去世；1808 年，歌德失去了母亲；1813 年，奥古斯都公爵的老师去世；如今，克丽斯汀也离开了他。这些亲友的过世使歌德开始思考灵魂和生命的关系。他和一位教育学者曾有过如下一段对话：

> 你也知道……感觉的世界，若缺乏真正的理念为基础，我是不认为它有任何价值的。我想了解自然，

但并不愿单纯地加以臆测。关于人死后灵魂是否存在的问题，依我的想法是这样的：我对人类或一切自然的存在经过长期的观察后，发觉灵魂与生命并存的事并不矛盾。假使所有自然界的现象都按一定的部类排列，我们将最小的一个组成部分称之为单子。而所谓力量的大小都是相对的，在其势力范围之外，力量可说是微乎其微，但只要是其能力所及，力量可说是非常地强。因此我们在接近力量之源时，就会被吸引到它的领域中。凡是动植物，甚至是在天空中的星星，都存在这种情形。

内在精神的小世界，透过外部的大世界而呈现出肉体的形象，而我把这肉体最初的根据称为灵。因此，蚂蚁单子有蚂蚁灵存在，世界单子也有世界灵存在。这两个根本物质虽非一致，但它们的基本存在却是由于血缘关系。例如太阳和行星虽有各自不同的使命，但却属于同一个系统。再看玫瑰的发展由叶、茎到花朵，都是具有一定的规则，而整个宇宙也都依同样的法则而循环。促使自然发展的力量是不可见的，然而却早已存在，在这规则的前进过程中，所呈现出的中间形态，经常会使我们困惑不已，如叶变成花，卵孵化成幼虫，幼虫蜕成蛾蝶……

尽管单子会产生无穷的变化，可是一旦单子形成，就很难加以破坏，因此在表面形象解体的瞬间，单子既不失散，也不停止活动，它们只是由原来的环境立即进入到另一个新的环境，这是因为单子的意志力相当强烈。有教养的人的单子和海狸、鸟类、鱼类都是有差异的。每个单子从所属的系统，如水中、空气中、地上、火中、星星中，被带到各个地方，同时负起未来秘密的使命。但如果碰到某种强烈的破坏，它们就有可能在中途被拦截而成为其他系统的从属，对这种危险的可能性，我们想从对整个自然界的观察中得出结论，是相当困难的。

同年夏天，歌德第三度前往德国南部，当他离开魏玛时，所乘的马车车轴断裂，这件事使歌德预感到，这辈子可能再也无法作长途旅行了。

1817年4月，一位甚得奥古斯都公爵宠爱的女演员因为嫉妒歌德在魏玛艺术界的地位，使了点阴谋手段，歌德被迫辞去宫廷剧院监督的职位，离开了和他有40年密切关系的魏玛戏剧界。这使歌德有种被放逐的感觉，在往后的岁月里，他一直对奥古斯都公爵听信谗言无法释怀。

晚年生活

笔耕不辍

歌德在他生命的最后 20 年里，每天都规律地工作着。他不再从事引人震惊、注目的事情。他的住宅十分简朴，书房、书库和小寝室是他生活的中心。

在这个面对庭院的书房里，他把自己从周围喧嚣的世界中解放出来，专心写作，或是进行实验和观察，看书并作笔记，他所完成的工作多得不可胜数。

1817 年，《意大利之旅》完成。

1819 年，《西东诗集》完成。

1821 年，《威廉·迈斯特的漫游时代》第一卷问世。

由于诸多的文学、出版活动，以及社会舆论的影响，写信给歌德的人有增无减，这使得他忙得分身乏术。

1806 年以后，歌德的日记中就详细记载着他每天的计划。他每每保持客观的态度，将每日所发生的事加以批评、反省，彻底地认清自己，并寻求以后的发展。他在日记上写道："现在所拥有的是过去……一切要以自己的生活为基础，努力工作，不断地推陈出新，就像一颗永远滚动的石头。"

已近暮年的歌德将自己的精神都集中在工作上，但并不像年轻时代一样，把自己和周围的环境分离。他每天都有很多访客，有时候也会出门去参观展览会、聆听音乐会，或参加自然科学讨论会。这段时期拜访歌德的人除了诗人和作家之外，也包括自然科学家、艺术家、探险家、教育家及政治家，而且后者竟比前者还要多。

1827 年，歌德和一位俄国外交官的谈话中，曾提到他对于名望的见解：

> 名望是崇高的灵魂营养素，它会坚强精神，也会使心情爽朗。对于一颗软弱的心来说，利用名望来振作，是很好的建议。但一个人得到名望之后，就会轻视它。舆论会把一个凡人神圣化，而把神贬为魔鬼。甚至赞美令人羞愧的失败之事，嘲笑我们引以为傲的道德。请你相信，名望和恶评一样，都会伤害人心，这是我由 30 年被憎恶的经验中得来的。很多人不曾读过我的作品——尤其是法国人和英国人，而且大部分人不了解我，但是他们却成天地谈论我、批评我。如果你和我共同生活两三周，尝试我所处的环境，想必你也会反对那些嫌恶我的人，同时给予那些深受国民性通病之害的诗人更高的评价。我承认，德国并不了解我。德国人民离艺术、哲学修养的自然之泉很远，被剥夺了生机，同时又具有抽象性的精神。我喜欢德

国人纯粹的特有的理念生活，我也喜欢在迷路时散步，在拥有生命时同样拥有自然，因此我认为具有生命的东西，比经过美化的艺术品有更高的价值。

1831年9月，他写给普鲁士参议员的信中则阐明了他对生活的态度，信中这样写道：

我敬爱的朋友，我想告诉你一件事。

在我房子对面的广场上，有个质量似乎很好的水槽，水经由水管流满槽中，每天清晨和傍晚，总有很多主妇、孩子、女佣、仆役来汲取生活必需的水。

这种工作十分简单，但却有无穷的变化，洗衣用的水装在桶中，担在肩上；饮用的水装在水壶中；烹

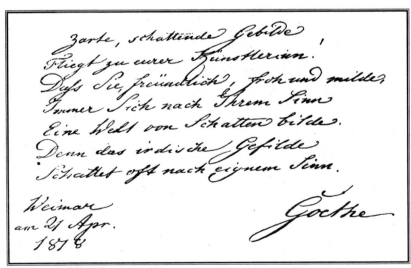

歌德1818年书信手稿

饪用的水汲在小桶中。正在汲水和等着汲水的人姿态
各不相同，正在汲水的人专注而喜悦，等着汲水的人
凝视而期盼。没有不耐烦的表情，他们按次序顺利地
进行，彼此之间被共同的目的微妙地联系在一起。

遗憾的是在水槽边洗菜，是不被允许的。我倒觉
得那是很亲切可爱，具有人情味的一种景象。虽然被
禁止，但这种情形偶尔也可以看见。

一大早就来汲水的人们、中午聚集在水槽边乘凉
的群众，甚至是趁着没有人爬上水槽直接由水管中饮
水的少年，看来都是那么生动而亲切。

我认为雕刻家从这些情景里，可以捕捉到某些值
得刻画的形象。在这儿可以看到人类生存不可避免的
所有动机。这些动机对任何人意义都很重大，这些动
机有时候会形成一种附属品，呈现美丽优雅又完善的
形态。对这数千人来说，主体与客体直接结合，具有
生命的艺术是存在的，因为他们的本身就是。

人的生活，就是要利用每一分每一秒，继续不懈地奋斗。
认同了这一点，你就可以理解歌德在晚年仍多方面活动的原
因。"时间无穷地延长，若能每天充实不懈，时间将是个兼
容并蓄的容器。"从《我的生平 诗与真》中的这句话，可以
看出歌德对生活的计划与看法。

歌德谈话录

　　歌德真正的心灵上的活动与访问者关系不大，而是在他自己的小圈子里。他最信赖的几个朋友，其中有他的学生和秘书，还有他的家庭医生，以及被聘为王子家庭教师的自然学家。

　　1823 年，30 岁的苦学者，同时也是歌德作品崇拜者的艾克曼到了魏玛。他后来成了歌德不可或缺的助理，他有一部作品叫做《歌德谈话录》。书中记载了歌德对艾克曼所说的，类似政治遗嘱的话：

　　　　诗人从政并结党结派，一定会招致毁灭。诗人必须以自由精神来判别世事，从而避免偏狭盲目的憎恶。

　　　　诗人以个人及国民的身份，爱自己的祖国，但诗中美丽、高贵的力量及活动，是不应该受空间限制的。诗人只是写自己所见之事，所以不应被束缚，而应像一只自由自在的兔子，行走在普鲁士或其他民族的土地上，丝毫不应该担心天空中是否有长着利爪的老鹰。

热爱祖国的定义是什么？做一个爱国者而活跃的意义是什么？诗人在一生中，若能与有害的偏见争斗，鄙弃狭隘的意见，启蒙自己的民族精神，纯化兴趣，为精神志向与思考方法日益高贵而努力，这就是热爱祖国的定义。如果对诗人的这种胸怀不抱感谢之心，而另有所求的话，就像要求一个带兵的队长，为了成为真正的爱国者，搁下本身的使命，卷入政治革新。队长的职责是什么？是训练军队，使每一个军人都服从命令，有较强的战斗力，在国家濒临危机时，能发挥军队的职责。所以对于队长来说，尽自己的本分，不插手政治，这才是真正的爱国。

我对于一切越俎代庖的事都嫉之如仇，尤其是有关国家的事，一不谨慎就会给人民带来灾祸。

你也知道，我并不理会别人的批评，也对政治充耳不闻，我只是卖力地尽我的本分，然而在某些人看来，我似乎是个冷漠无动于衷的人，这也是我轻蔑政治党派的原因。

围绕在歌德身边的另一群人，便是他的家人。歌德十分宠爱他的独子奥古斯特，而奥古斯特完成法律学业后，便与歌德以前一样参与魏玛国政，担任公国艺术与科学设施监督的助理。克丽斯汀死后一年，奥古斯特结婚。他的岳父是普鲁士军队少校，岳母是魏玛的宫廷女官。1818年，奥古斯特的儿子诞生，歌德享受了一段含饴弄孙的快乐日子。之后奥古斯特的婚姻出现了危机。奥古斯特本身其实也很有才能，但父亲歌德声名太盛，他始终感到一股巨大的压力。

1823年，歌德前往波西米亚温泉度假，在这里，他又一次受到了心灵的伤害。温泉旅馆主人的孙女乌丽卡年轻美丽，性格活泼。歌德对她的感情由父亲般的慈爱逐渐发展成年轻人一般的热情，当74岁的歌德向19岁的乌丽卡求婚时，周围人反对的情形可想而知，但最令歌德难受的是乌丽卡模棱两可的态度，最后歌德放弃了。这段暮年之恋促使歌德写成了新的诗作，在这首诗中，歌德将一切有关个人的意念都表现了出来。从1831年他写给朋友的信中可以看出他对这段生活的思考：

> 到了晚年，我的一切越来越具有历史性。过去的事，就如同在小地方看遥远国家所发生的事，过目即逝，并不特别注意，但我对于自己本身，越来越觉得具有历史性。

为了说明自己的精神是与周围环境互相依存而成长的，他不断地肯定自己的存在，"的确，在我漫长的一生中，该忍耐的都忍耐了。可是老实说，我所听、所看、所区别选择的，多少都凭借某种技巧。赋予生命以重现的力量，是我一贯的表现。我并不认为自己的作品是由本身的睿智而产生的，我只是提供数据，作为他人的参考。"

对歌德来说，个人存在价值失去得越多，对于世界发展的反省也越多。对于当代的年轻人，歌德在写给朋友的信中叹息道：

> 年轻人忙碌着尝试极端，每个人都不知道自己的目的，只是思考着、忙碌着，不曾了解活动的意义，也不理解自己采用的方式……冲动的年轻人只是被时代的旋涡所吸引。丰富和快速的时代潮流使人们感到惊讶，莫不为此而努力，例如铁路、邮政快信、轮船及其他更便利的交通。虽然他们已尽了力，但由于教育程度的限制，也只能停留在平凡中，无法获得突破。

虽说对年轻人陷入时代旋涡有着种种看法，但歌德自身也不免为无法体验即将到来的新生活而感叹不已。对于在巴拿马地区开凿运河及乘船航行世界一周的可能性，歌德也提出了自己的看法：

> 装载量极大的船如果能由墨西哥湾经过运河直接航行到太平洋，对于文明或未开发的人类来说，都是极大的福音，而这开凿运河的工作则非美国莫属，因

为这个新兴国家有开拓西部的倾向，在未来的30或40年中，他们一定会开发落基山脉附近的广大地区，并出现大规模的移民，这是可以预料到的。在太平洋沿岸地区，自然形成很多广阔安全的优良港湾，会逐渐发展出无数大规模的商业城市，这也是预料中的事。到那时候，商船或军舰来往美国东西海岸时，为了节省航行时间，找一条更快捷的途径是必要的，换句话说，由墨西哥湾直接通向太平洋的运河，对美国来说是不可或缺的。同时，我相信美国一定会实现，但可惜的是我无法目睹这件事的完成了。

第二件事便是在多瑙河与莱茵河之间开通运河的事，这个计划规模相当大，我怀疑以德国的财力是否能够实现它。

第三件事是我极欲看见英国获得苏伊士运河的权力。为了亲身体验这三件事的实现，我希望自己能够再多活50年，但这似乎是很困难的事。

歌德在1826年产生的这种念头，而苏伊士运河在1869年完成，巴拿马运河也在1914年完工，只有连接多瑙河和莱茵河的运河到1985年才正式通航。

文学、宗教和社会活动

歌德对文学的兴趣和眼光是世界性的。他在少年时期和学生时代，除了当代的文学作品，还看了很多罗马、希腊、英、法的文学著作。后来，他想将欧洲文学以新的系统性的评价加以归纳。由于对东方诗歌的研究，他又走进东方的文学世界。1820 年以后，他甚至想接触印度文学和中国文学，他像着魔一般地阅读外国作家的作品，如拜伦、雨果、梅里美等，歌德在一本杂志中说，文学是"人类共有的财产"，是在任何时代、任何地方由"无数人"共同创造的。1830 年，歌德阐述了他对"世界文学"的看法：

> 对于个人来说，再广阔的世界，不管被扩大到何种程度，也往往只是局限于祖国的领土，而严格说来，祖国的土地并不能给予我们丰富的题材。能够普遍受到世界大众喜爱的作品，必须不受地域限制。所写的题材具有某种特殊的地方性，即使作者本身才华横溢，受到欢迎的可能性也很小……

歌德早年有关宗教的诗，离不开"泛神论"以及"自己的基督教"；到了魏玛前期，他所信奉的是伦理的人文主义；到晚年，他开始对本质有了多方向的探求，宗教已经无法满足他的思考。1813年，歌德曾在给友人的信中，故意极端地写道：

> 从诗人或艺术家的立场看来，我是个多神论者；从自然研究者的立场看，我又是个泛神论者。其实不管从什么角度来看，我的态度是始终一致的。如果我是个讲究道义，并且需要一个神的人，那么我对将来的考虑便都是多余的了。因为天上、地上的一切事物都从细小发展而成，我们所理解的本质也是以一个组织为具体形式表现出来的。

晚年的歌德比年轻时更反对教会，他拒绝接受狭隘的教义。尽管1823年的时候，一位经常和他通信的朋友以本身严格的宗教信仰，试图拯救他。歌德在给这位朋友的回信里有意以淡漠的文字表达了藏在内心深处的话：

> 接获你的来函，我由衷地感动，但是至今我仍犹豫不决，不知如何回信。对于如此特殊的情况，请你原谅，我实在无法回答你的问题。
> 长寿的意义，就是在有生之日，能够尝试各种事

情。爱自己所爱的人，恨自己所恨的人，看看森林，看看年轻时代所种的树木。当我们衰老之后，身体上、精神上的天赋仍旧存在，这是多么值得感谢的事情。如此对一切暂时性的存在，我们就都能心甘情愿地接受；而对于永远的、消失于过去的事，我们也不必苦恼。

我们一生之中，曾详细地思考过自己或他人的事，也看过很多这世界上发生的各种各样的事情。如果我们长久地不停止这种思考，就一定会崭露头角，发出耀眼的光辉。

因此，对我未来的事，不必太在意，我们的祖国有广阔的土地，土地上为我们准备了快乐的家园。而那未知的世界，也早已为我们二人准备了各种事物。到那时候，我们曾经缺乏的都齐全了，同时也可彻底坦诚地爱想爱的人。

歌德虽不赞成教会制度，但对于基督教的伟大文化，还是有着无限的尊敬。歌德希望基督教能"从信仰逐渐接近精神与行为"，这些在《浮士德》及《威廉·迈斯特的漫游时代》和他晚年所写的抒情诗中表现无遗。

歌德不断地从事活动，广泛地和他人通信并活跃在各种交际场合中。年迈的歌德既坚持自己的想法，又怕被孤立。他就像"从鬼火磷磷的坟墓中走出的侏儒"一般感到孤独，甚至偶尔会听到自己的声音。

1827 年 3 月，他写了一封信给朋友：

> 和我关系非常密切的某一个小圈子里，一个个生命
> 在烈焰中焚为灰烬，飘扬在天空中，而所剩余的，只是
> 在燃烧的瞬间，含有某种神秘性的一束束文书。

1828 年之后，歌德的健康每况愈下，他的心肌梗死越来越严重，在 1830 年出现过一次大咯血。1830 年，歌德唯一的后裔奥古斯特在罗马患了热病，客死他乡。接到朋友们无数的慰问函之后，歌德沉默下来，他强迫自己专心从事未完成的作品，尤其是《我的生平 诗与真》的最后一卷，以及《浮士德》第二部。也唯有沉浸在工作中，歌德才能排遣自己悲哀的情绪。当时，他如此感慨道：

> 我只要能保持生理上的均衡，其他的事就不担心了，顺其自然吧。身体能思想能行动，还有精神还有灵感，并能将这种灵感写出来，我不应该再担心任何事了。

1831 年 8 月，魏玛人士准备为歌德庆祝 82 岁寿辰。歌德却躲了出去，他悠游自在地前往乡间。在一片森林中，歌德看到了他曾住过的狩猎小屋，森林观测员记下了当时的情形：

　　我们非常恬适地到达峰顶，下了马车，在瞭望台上欣赏美丽的风景。这时，曾经在这森林中度过一段美好日子的歌德感慨地说："要是奥古斯都公爵能与我共同欣赏这么美丽的风景，那该多好！"然后，他说："以前的狩猎小屋就在附近，我们走路过去，马车就停在这儿吧！"他神采奕奕地穿过森林，找到他熟悉无比、用木材建筑的双层狩猎小屋。小屋里有一道很陡的楼梯直通到上面，我伸出手要扶他，然而差两天就满82岁的歌德拒绝了。他对我说："不要以为我老得爬不动楼梯了，我还有足够的力气！"他一个人登上楼，进入房间。他说："那时候，我和我的侍从在这儿住了八天，当时我在板壁上写了一首短诗，我想看看它是不是还在，如果日期还看得见，请你帮我把它抄下来吧！"他带我到西侧的窗户旁边，果然，在板壁上有一首用铅笔所写的诗：

在万峰之上

轻憩

树梢之间

微风悄悄拂过

鸟儿在林中静默

在这刹那间

你也安息吧！

上面的日期是1780年9月7日。歌德轻轻地念着这首短诗，潸然泪下。他取出一条雪白的手帕，拭掉了眼泪，接着用温柔而平稳的声音说："是的，在那刹那间，也该休息了。"他静默了一会儿，然后叫我一起离开。

《浮士德》

《浮士德》是歌德的代表作，从动笔开始，到完稿历经60年。《浮士德片断》的初稿在1775年12月就开始写，到歌德逝世前的几个月，这部著作经过多次的修改、陆续地发表，终于完成。这部书可以说是和歌德的一生相伴始终的，在时间和空间两方面都贯穿他生命的全程，并且随着他生活丰富的发展而发展。在这一点上，他别的作品是不能与之相比的，因为它们都是片段的、一时期的，不足以表现歌德的全部思想和智慧。如《少年维特之烦恼》只代表"狂飙运动"中少年歌德那种反抗传统的思想；《伊菲格尼在陶洛斯》只能代表意大利之旅后，中年歌德的克制倾向；而"威廉·迈斯特"系列和《我的生平 诗与真》只能代表老年歌德沉思反省的清明态度。只有从《浮士德》中，我们才可以看出歌德思想的整个体系与演进，以及他自己宏大壮阔的生活全貌在长时间内的发展动向。因此《浮士德》的涵义至为复杂、深邃，叫人一时难以体会。表面看来《浮士德》似乎极为冗乱，前后有很多矛盾支离的地方，但是，它的核心概念却是一致的、贯穿始终的。

晚年歌德肖像

歌德在去世前五天曾写信给朋友说："我的《浮士德》大致计划始于我的年轻时代，距今已 60 余年了，情节的前后线索有不尽分明的地方，但纲领却很清楚！"三个月之前，他也曾对这位朋友说过，他对《浮士德》第二部的构想，早在 50 年前就已经想好。不过，因为一直没有动笔，随着自己的经历渐多，智慧渐丰，之前的构思就变得越来越复杂。正如一棵树，长大了，在主干的四周就会长出许多分支，分支上又会长出许多枝叶。

《浮士德》的故事取自德国的旧传说。这是 16 世纪一个魔术师的名字。他以魔术和花言巧语到处流浪行乞，他的名字第一次出现是在一位教士写给一位星象学家的信中。他提起浮士德这个人，对他花言巧语欺骗他人的行为很是不齿。另外，还有一位法学者在 1513 年给友人的信中说，浮士德是个卑贱的、骗人的、不学无术的医生。从这两封信中，我们可以看出浮士德在一般人眼中，不过是个以诡智魔术混饭吃的流浪骗子罢了。但到了 16 世纪末，开始有许多传说加诸在浮士德身上，浮士德开始被渲染成一个能够与鬼神沟通的术士。1578年有一本关于浮士德的书问世，这是最早的浮士德传说总集。同年，在德国的法兰克福，一位作家出版了他写的关于浮士德的故事。第二年，《浮士德博士的生死之歌》在伦敦印行，传诵一时。这些书对浮士德的描述大致都是一样的：一个狂妄不安分的术士，他想拥有超越常人的能力和知识，好过一种与一般人不一样的生活，基于此，他与一个魔鬼订立了契约，最后在魔鬼的诱惑下，浮士德沉沦在种种猥亵的享乐中。浮士德这个人，可以代表文艺复兴时人性普遍存在的一个层面，他所希望的生活，正是那时候的人由中世纪禁欲中解放出来以后所迫切渴慕的。

到17世纪中叶，浮士德的传说更为风行。在英国，他的故事家喻户晓，也被改编成戏剧搬上了舞台。18世纪以前的德国文学皆以法国文学为楷模，到18世纪，德国的许多文人开始另辟蹊径，想要树立德国自己的文学风格。古代传说当然是文人们首选的文学材料，首先出现的浮士德的故事是以剧本的形式登上德国文坛的。当时，《少年维特之烦恼》正在风行，歌德已是个有名的作家了，他构想了许多作品的大纲，如《穆罕默德》《苏格拉底》等。同时他从赫尔德那儿认识了古传说的文学价值，对于浮士德的传说，他也特别有兴趣。歌德儿时就观看过关于浮士德的傀儡戏，那给他留下了很深刻的印象。后来，歌德写《浮士德》时，将这传说的意义完全改变了。传说中，魔鬼原本是一个神，后来因为邪恶被贬到地狱，成了一个恶魔；但是歌德笔下的魔鬼不是堕落的神，而是一个"否定精灵"，他不辨善恶高下，对一切都采取极端怀疑的态度，他只有极冷酷且趋向于破坏的理智，没有企慕高贵的感性思维。原来的传说中，浮士德最后输给了魔鬼，而歌德的故事中，浮士德通过自己不断地向前努力，改正生活中的错误，获得了自救。

歌德希望借助浮士德，宣扬一种生活态度，一种在不休止的有意义的活动中去创造经验与美感的生活态度。他认为，这是"唯一的教师"，能为我们指点迷津。其中所谓的经验就是一切活动与情绪的综合。这种经验要靠思索和活动共同获得，缺一不可。只有思索而没有活动，经验就得不到检验和更新；反之，只有活动而不用思想，活动便会失之茫然，那么，所得到的经验也是不可靠的。这与孔子的"学而不思则罔，思而不学则殆"可谓异曲同工。

歌德还认为一切生活问题的解决途径，在于朝向高远目标努力的生活态度。他说："任何疑虑只有活动可以将之消除"。他曾对艾克曼说过："只有在活动之中，理论与经验才能够相互协调"，不然，"一切的解决都是不着根基、没有基础的"。你不能因为在生活中犯了一些错误或罪恶，就颓丧地裹足不前，如果你一直向前探索，一定就能找到出路。这是歌德始终如一坚持的信念。

浮士德在魔鬼的诱惑下，步入歧途，犯了过错，纯洁的葛雷卿因他的过失惨死狱中，这罪过诚然使浮士德饱尝生命中最沉痛的悔疚。可是,因为他仍要努力致力于"最高生命"的完成,所以不久后又获得了新生。最后他终得救赎,救赎他的不是他对"最高生命"完成到何种程度,而是他在这期间不断前进与追求的生活态度。因此他的每一段生活,都对他的整个生命产生了一种价值。

浮士德本质上是个在矛盾痛苦中挣扎的人,他心中有两个灵魂在不断地冲突,正如歌德自己一样。

哦!有两种精神在我心胸,

一个要分离,

一个沉溺在迷离的爱欲之中;

一个执拗地固执着这个尘世,

另一个却猛烈地想要离开凡尘。

歌德是如何面对和解决自己的矛盾与痛苦的呢?他坚持抱着一种对生命的热忱态度投入变化无穷、永不止歇的生活中,永远前进,经历生活的各阶段,最后达到人格上的一种圆融、和谐、清明的境界。他笔下的浮士德亦是如此。因此,歌德的浮士德已经变成了人类在矛盾、错误中奋斗,以前进不懈地努力获得救赎的一个典型了。浮士德的生活态度是肯定生活的价值,这也正是歌德自己的生活态度,这种态度为苦闷的近代人注入了无穷的鼓励和安慰。在这一点上,《浮士德》就表现出了它超出一般文学作品的特殊意义。浮士德

对生活欲望的执着、对生活价值的肯定以及他人格的不断完善发展，正是文艺复兴以后的近代人的精神，近代文化也就是这种精神的产物。

歌德纪念章正面

《浮士德》的最大文学成就，是歌德不仅对外在世界的每一种现象都有细腻的刻画，对浮士德灵魂世界里所发生的变化，也有精彩的描写。所有现实世界里发生的一连串事件，都由浮士德内心的斗争加以串联起来。1831 年 6 月，艾克曼在《浮士德》完成的前两星期，曾就这点加以说明：

我们彼此讨论结束的部分，而歌德很清楚地对下面的句子加以说明：

灵界尊贵的人得救了

已经脱离恶魔的手掌

"凡自强不息的人

我们终能将他拯救"

又有天上的爱

将他庇佑

得救的人们

诚恳地将他欢迎侍候。

歌德说："在这诗句中，包含了浮士德得救的关键，浮士德的内心越来越崇高，越来越纯粹，于是上天伸出了拯救之手，给予他永远的爱。这表明我们可以用自己的力量，创造幸福，并蒙受神的恩宠。这和宗教性的象征是完全一致的。"

歌德最后一次提及《浮士德》，是在 1832 年 3 月 17 日，在他写给一位朋友的信中：

《浮士德》的构想，在我青年时代就有了，只是不知该如何动笔。经过多年的酝酿，我对这部作品的构想，终于日趋成熟，我从自己最有兴趣的场面开始写起。

自发的活动能顺应自然并达到理想状态是非常困难的，如果这种活动又是基于长时间发展而成的思想，那就更不可能了。即使真正实现，也很难达到完美。我对于读者们将这部作品拿来与之前的作品作对比，并不觉得不安。相反地，将来的读者若能善意地去观察其中的变化，我将由衷地感激他们。在我有生之年，当我认真地将这件事坦述出来的同时，希望能听到回响，对我来说，这将是令我无限喜悦的事。

岁月是残酷的，也许我花了很长时间的努力，才构筑起来的思想建筑物，并没有达到任何目的，也没有任何意义，就像废弃物般被丢弃在垃圾堆中，或埋没在沙丘里。疯狂的行动、混乱的思想支配了整个世界，因此在我手中的东西，我尽我所能引导它向上。朋友！如同你在你的城堡中所实行的一般，我将自己的特性纯粹化。我认为这是很重要的，因此，我希望你能将你的工作情形告诉我。你知道，有人也同样花了心血在研究。

请你原谅我的迟缓回信，因为人偶尔会想把自己隔绝起来，把秘密写在心中。

忠实的歌德

魏玛，1832 年 3 月 17 日

歌德写下这封信之后的第五天，也就是 1832 年 3 月 22 日与世长辞，享年 83 岁。据艾克曼回忆：“他仰卧着如同睡着了一般，他高贵的脸充满祥和安定，他清高的额头，仿佛还继续思考着某件事情……”